Ernest Renan

Sur Corneille,
Racine et Bossuet

Books On Demand

AVANT-PROPOS DU PREMIER ÉDITEUR

Ernest Renan a laissé, dans ses papiers de jeunesse, les notes prises par lui au cours de ses lectures classiques pendant sa préparation à la licence. Ce sont ces travaux d'étudiant que nous insérons aujourd'hui dans la curieuse collection des Cahiers de Paris. *On peut les reporter à l'année 1846. Le dernier morceau sur Bossuet, déjà plus achevé, est également une dissertation d'examen. Il a paru intéressant, en conservant à ces fragments leur caractère spontané et jusqu'à leurs négligences, de mettre au jour la manière dont, il y a quatre-vingts ans, Ernest Renan préparait — avec ardeur — le programme de la licence ès lettres.*

N. R.

SUR CORNEILLE

MÉDÉE[1]

Embarras et froideur dans l'exposition.

Ambiguïté du caractère de Jason, comme aussi un peu du caractère d'Othon par le même motif ; on ne sait s'il aime, ou s'il feint l'amour par amitié. Le mélange des deux motifs fait un mauvais effet.

L'entrevue de Jason et de Créuse est ridicule de froideur. Je ne veux rien pour rien, dit Créuse. Quelle tendresse !

La scène de Médée et de Nérine est plus vigoureuse. En général, le caractère de Médée, qui du reste est le seul de la pièce, ne manque [pas] de vigueur et de grandeur dans le crime et la passion.

On ne voit pas pourquoi Créon et Créuse s'attachent si fort à Jason.

La scène de Médée et Créon, au second acte, est malheureuse. Le récit de la Toison d'or est déplacé et il y a des traits du goût d'alors, outre qu'en ces deux premières scènes, l'action ne marche pas.

Quant à Egée, il est très décidément ridicule. Outre qu'il est absolument inutile, et rompt l'unité de l'intérêt, ne se reliant en rien à Médée. Ce n'est pas comme en Polyeucte, où l'amour de Sévère se lie si bien à la fable principale.

Il n'y a dans cette pièce que Médée de supportable. Mais celle-là est déjà faite à la Corneille.

– Et puis il y a un nœud ; le système de notre tragédie est formé. C'est immense. Le style constamment noble n'est pas encore trouvé. Il y a, comme dans Mairet, des expressions vulgaires, presque comiques.

Ce qui fait le beau de ce caractère de Médée, c'est sa *puissance*, jointe à sa méchanceté et à sa fureur. Cela fait frémir le lecteur, et peut-être pas assez les personnages de la pièce qui n'en tiennent pas assez de compte. Toute l'idée de la pièce est à la lettre dans le Moi. Médée seule entre tous ses ennemis.

Caractère de Jason insoutenable. Ni odieux, ni héroïque. On ne sait.

Admirable mise en scène de Médée et de Jason. Une des plus pathétiques de Corneille, surtout quand Médée lui reproche ses propres crimes.

---

[1] Cf. la *Médée* de Jean de la Péruse, traduite de Sénèque.

On est aussi assez surpris de trouver le demi-dieu Pollux réduit aux mesquines fonctions de confident et conseiller.

Dans *Médée*, comme dans la pièce antécornélienne, la séparation entière de la comédie et de la tragédie, qui devient si caractéristique de notre théâtre, et qui lui est si fort reprochée, ne se fait pas encore entièrement sentir. Egée par exemple et la leçon qui se rapporte à lui est souvent comique. Voyez surtout la fin du monologue lyrique d'Egée en prison.

La scène de Médée et d'Egée en prison est ridicule par le pitoyable rôle d'Egée, misérable solliciteur de femmes qui ne veulent pas de lui. Et puis, tout cet épisode n'ayant pour objet que de ménager une retraite à Médée pour l'avenir, ne tient pas assez à l'action. Le lecteur s'occupe peu de cet ultérieur. Le même défaut plus choquant encore dans Euripide, où Egée tombe du ciel.

Le dénouement toujours si difficile est heureusement ménagé. Mais l'exécution en est faible.

Ressemblance de contexture avec *Le Cid* pour la disposition et la suite des scènes. Dans les deux aussi, un combat mêlé à l'action, dans l'intervalle des actes.

Il n'y a d'admirable que le caractère de Médée et tout ce qui s'y rapporte. Et tout cela est pris à Euripide et Sénèque.

Réflexions de Brumoy sur Egée tout analogue aux miennes. *Allongement* comme dans l'infante dans *Le Cid*.

Caractère inutile d'Egée ; rapprochez de l'infante, et de Sabine d'*Horace* — et de Livie dans *Cinna* et d'Eryxe dans *Sophonisbe*[2].

Même sujet en Euripide et Sénèque. Nombreuses imitations de Sénèque, entr'autres les fureurs de Médée.

Souverain protecteur des lois de l'hyménée…

Déclamation dans le goût de Sénèque.

La *Médée* d'Euripide est aussi le plus ancien de ses ouvrages qui nous reste.

Critiques justes que fait Corneille au chœur d'Euripide en *Médée*. Il est le confident, comme s'il ne devait pas dire…

Invraisemblable, insoutenable pour nous autres modernes, projets contre leur roi. Dans les tragédies grecques, les femmes ne paraissent guère que pour le mal ; remarque d'Aristote : les esclaves toujours mauvais, les femmes le plus souvent mauvaises.

Corneille, dans cette pièce, comme dans *Le Cid*, ne s'astreint pas à cette règle,

---

[2] Cf. la *Médée* de Longepierre, que Laharpe juge supérieure.

devenue essentielle depuis, que la scène ne reste jamais vide, et que les acteurs entrent et sortent sans se parler et sans se voir.

L'influence de Sénèque est très sensible en cette pièce.

Pièces diverses sur le sujet de Médée[3].

1° Euripide
2° Néophron
3° Ennius traduit Euripide
4° Ovide
5° Mécène
6° Sénèque
7° Buchanan traduit Euripide (Grotius aussi)
8° La Péruse traduit Sénèque
9° P. Corneille et Th. Corneille (Opéra)
10° Ludovico Dolce
11° Longepierre (Médée et Jason de l'abbé Pellegrin)
12° Clément
13° Glover
14° Framery, opéra, etc.[4]

Médée joue encore le principal rôle dans *La Toison d'or* de Corneille et l'opéra de *Thésée* de Quinault.

Le sujet est aussi traité dans le VIIe livre des *Métamorphoses* d'Ovide.

EURIPIDE

La nourrice de Médée, en Euripide.

Application de ce que dit Corneille, qu'il est plus facile de trouver des personnes pour raconter ces choses que pour les entendre. Elle parle *au soleil*.

Déclamation de Médée contre le mariage, comme en Hippolyte, thèse sur le célibat, etc.

SENEQUE

Le chœur chante l'épithalame de Jason et de Créuse. Jason plus excusable

---

[3] Carenius aussi. Cf. Arist. Rhet., LII, ch. 33 ; sub finem. Pacuvius. Aetius aussi traite le sujet.
[4] Cf. Th. Des Grecs. Prévost. Golter en allemand (traduit par Berquin, Mélodrame).

chez Sénèque, car il meurt, s'il n'épouse pas Créuse. Comme dans Corneille, Médée est sacrifiée à la raison d'État. Non ainsi en Euripide.

Le chœur, dans Sénèque, tout postiche, n'a nul rapport à Médée.

Médée égorge ses enfants en public, violant sans pudeur le précepte d'Horace :

Nec pueros coram populo Médea trucidat.

Le vers prouve combien ce sujet était classique et de lieu commun. Adde :

Sit Medea ferax invictaque.

C'est la moins mauvaise des pièces attribuées à Sénèque.

LONGEPIERRE

Caractère de Créon sacrifié, mesquin. Celui de Médée grand, quand bien joué, réussit.

Scène de Médée et de Jason bien moins vigoureuse que dans Corneille.

Médée offre elle-même la rose.

Diverses oppositions d'assez d'effet dans le charme de Médée.

Dernière scène ressemble à Corneille. Jason rendu immobile par un coup de baguette. Reproches que lui adresse Médée.

CLEMENT

(Plan et caractères différents).

A écarté la magie et le merveilleux, se rapproche d'Euripide.

Misérable caractère de Jason. Il n'allègue que la politique. Il ressemble à Enée par rapport à Didon.

Jason a des remords.

Le mariage avec Créuse est célébré le jour même.

Le meurtre des fils pas amené. Même défaut dans Longepierre.

Remords de Médée ayant tué ses fils.

Elle demande la mort à Jason qui refuse. Elle se tue. Il n'y a que trois actes.

GLOVER

Change tous les caractères. Médée, tendre et sensible, qui sacrifie tout à l'amour.

Créon, tyran impie et cruel.

Chœur comme chez les anciens.

Dénouement ne ressemble en rien à la fable. Médée touchante et innocente. Tout l'odieux sur Créon.

LE CID

Tout *Le Cid* est en ce vers de Don Diègue :

> *L'amour est un plaisir, l'honneur est un devoir.*

Ou bien encore : Supériorité de l'honneur sur l'amour et de l'amour sur la vie. Cf. le discours de Rodrigue.

> *Pour venger sa maîtresse, il a quitté le jour*
> *Préférant…*
> *Son honneur à Chimène, et Chimène à la vie.*

C'est le même sacrifice se répétant trois fois dans l'infante et les deux héros. Mais quelle différence entre le premier combat et le second !

Il est remarquable que Corneille ait blâmé par la suite les deux entrevues de Rodrigue et de Chimène et surtout les propositions peu naturelles et guindées de Rodrigue. Voyez son examen.

Il y a comme deux plans dans cette tragédie. Un premier plan supérieur où se remuent les passions fortes, viriles, l'honneur, etc. Un second, de femmes, d'amour. L'art de Corneille et sa pensée morale a été de poser celui-ci en inférieur. — On voit que c'est un grave Espagnol qui dit : Le viril avant tout ; mais qui reconnaît pourtant qu'il y a aussi un cœur.

Remarquez aussi l'art avec lequel ces deux plans sont comme entremêlés dans toute la pièce.

Une circonstance qu'on n'a peut-être pas assez remarquée, et qui sauve merveilleusement le dénouement, ce sont les nouveaux périls que Rodrigue va courir en Afrique. Tout cela, en remettant en question ce qui a déjà traversé deux épreuves, sauve le mariage. C'est un instinct analogue qui nous fait regarder comme permis ce qui a dû traverser beaucoup d'épreuves. On l'a compris alors, sentiment très délicat, qui ne se peut analyser rigoureusement.

Remarquez qu'il n'y a pas proprement dans *Le Cid* de combat de deux passions, comme par exemple dans *Bajazet*, comme dans *Horace* surtout, Camille, Sabine, etc., amour et haine de Roxane. Chimène ne *hait* pas un seul moment Rodrigue, mais le *devoir* l'oblige à agie contre lui, mais elle continue intérieurement ç l'aimer comme auparavant.

Rapports entre le rôle inutile de l'infante et le rôle tout analogue d'Egée dans *Médée*. Autres ressemblances de composition dans *Le Cid*. (V. notes ad. *Médée*.) Rapprochez aussi le personnage inutile de Sabine dans *Horace*. Corneille fait lui-même le rapprochement (Critique d'*Horace*). Corneille est sujet à ces personnages surnuméraires. Rapprochez aussi Livie de *Cinna*, on a retranché à la représentation. Cf. Laharpe.

HORACE

La pièce d'*Horace* a, selon moi, beaucoup de ressemblance avec *Le Cid*. La pensée morale est exactement la même : le devoir, l'honneur, la patrie, supérieurs au sexe et à l'amour ; l'amour à son tour supérieur à la vie. C'est toujours la pensée mère de Corneille, et c'est par là qu'il est si moral, viril, grave. Il croit, il prend la vertu au sérieux, il élève à une prodigieuse hauteur.

A côté de cette première leçon, il y en a pourtant dans *Horace* une seconde : c'est l'excès où cette vertu romaine peut se porter, excès que le poète moraliste a évidemment l'intention de présenter comme blâmable.

Quant aux caractères, ils sont admirables. C'est là que Corneille est admirable. Ses héros sont à lui, ce sont des idéaux incomparables qu'il a conçus, en les composant de romain et d'espagnol autant qu'une créature pure peut être appelée composée des éléments qui en furent la cause occasionnelle.

Le caractère de Curiace est tout nouveau et extrêmement attachant. Il est plus humain qu'Horace, et par conséquent un peu plus faible et plus intéressant. C'est l'homme normal, c'est ce que nous voudrions être en une telle position ; souffrir et sentir, mais marcher à l'honneur tout de même. Que j'aime ce Corneille, ce maître d'honneur et de loyauté, ce *vir* qui m'élève à sa hauteur, me fait croire à la vertu ! Comme il peint bien aussi la vertu de son époque, encore chevaleresque et loyale !

Quant à la composition de la pièce, elle a sans doute d'immenses défauts. Il n'y a réellement que les trois actes du milieu qui soient supérieurs. Le premier est obscur et embarrassé, le dernier fait languir. La pièce n'est pas nouée, et ne se dénoue pas à temps. Il n'y a pas de conduite. La diction est encore plus défectueuse dans les détails que celle du *Cid*. C'est un magnifique instrument, dont les cordes ne sont pas encore parfaitement accordées.

Du reste, ils ressemblent beaucoup à ceux du *Cid*. Le vieil Horace est Don Diègue. Horace est Rodrigue. Sabine ressemble même à l'infante, au moins pour le rôle et Camille rappelle Chimène par sa position ; mais Camille cède et pèche, tandis que Chimène ne fléchit pas, placée entre l'amour et les mobiles supérieurs.

Les trois premiers actes de cette pièce sont, suivant Boileau (préf. De Longin), le chef-d'œuvre de Corneille. C'est aussi le jugement de Laharpe. Je le crois à la lettre, mais pour le IIe et le IIIe acte seulement, le IIe surtout! ou pour mieux dire quelques scènes de ces actes. Le commencement du IVe acte est toujours aussi admirable. Que dis-je? Le IVe renferme des scènes tout aussi belles, de Camille. La beauté chez Corneille est en proportion des caractères. Dans les scènes où paraissent Horace, Camille, Curiace, le vieil Horace, c'est sublime. Quand ils n'y sont pas, cela tombe. Il ne peut soutenir l'artificiel, et cela lui fait honneur.

Comme ces prologues par confident sont de petit effet! Peu d'intérêt qu'inspire cette Sabine, des moindres caractères de la pièce. Et commencer par là! Si c'était au moins Camille ou autre!

Notre théâtre n'est réellement qu'un dialogue. Toute la différence du système n'est que dans ce qu'il faut mettre sur la scène, et derrière la scène. Les goûts du peuple et des lettrés sont ici tout contraires. Le peuple voudrait qu'on montrât le pathétique, et les lettrés tout le contraire. Ainsi dans *Horace*, il voudrait la bataille, le coup d'épée donné à la sœur, etc. Voyez mes observations du … [5] sur les spectacles populaires. Cette *salle* de la maison d'Horace assurément l'ennuierait fort, et somme toute, pourquoi ces chaînes! Est-ce pour faire plus d'illusion, voyons! Mais, outre que ce n'est pas là le but de l'art, croyez-vous donc jouer le spectateur? Il faut dire comme l'Anglais: «Je paie ici pour être trompé.» Le commencement de la IIIe scène est traînant. Ces femmes ennuient, même Camille, à cause de l'entourage.

—Encore deux plans comme dans *Le Cid* ; un des hommes, tout fort ; l'autre de femmes, tout sensible. Mais le premier est bien supérieur, dans le deuxième, Camille seule est supérieure.

—C'est la pièce de Corneille où il y a le plus d'*invention* (voir Laharpe et Fontenelle).

Le meurtre de Camille, si reproché, ne me choque pas, et ne me semble pas en dehors du caractère d'Horace.

Endroits limités de Tite-Live: le combat et le discours du roi des Albains.

---

[5] La citerne de Joseph. *Nouveaux Cahiers de Jeunesse.*

Cinna

Comparez la conjuration de Fiesque, de Schiller. Ressemblance frappante de certaines circonstances. Il manque un peu à Corneille ce qui surabonde dans Schiller, le spectacle, la dramatisation puissante ; voyez par exemple l'assemblée des conjurés chez Schiller, le serment, etc. En Corneille, rien de tout cela, quelques personnages dialoguent. C'est plus savant.

Comparez *César* de Shakespeare et de Voltaire. Le IIIe acte est admirable. Les deux premiers ne sont que préparation.

Monologue d'Auguste, incomparable morceau. Admirable caractère d'Émilie. C'est du reste le seul fortement caractérisé. Les autres sont intéressants par le pathos et non par l'ethos.

Tout est de lui. C'est admirable d'avoir sauvé par l'amour le caractère de Cinna, lui-même si médiocre.

Les affranchis qui font tout par-dessous, sans être vus, font un bel effet.

Auguste tient peut-être trop de place. Il est trop vrai que le second titre : « La Clémence d'Auguste », convient à la pièce. On voudrait que le nœud d'Émilie et Cinna, etc., dominât seul.

Effet que produisent les révélations arrivant successivement à Auguste. Admirable contexture de cette pièce.

La conjuration n'intéresse pas seule par elle-même. Passé le Ier acte, elle s'en va à la débandade, et pourtant, au Ier acte, on nous y avait attachés. Après la proposition d'abdiquer, elle n'a plus d'objet. Cf. Laharpe.

Contradiction de Cinna. Non ému à la première scène d'Auguste, et ému de remords ensuite (*Ita* Laharpe). Du reste, c'est bien à tort que Laharpe blâme cette seconde phase de son rôle : c'est ce qui en fait le beau et le pathétique. Voyez la scène avec Émilie, où il lui demande grâce pour Auguste.

Les objections de Laharpe contre le caractère de Cinna me semblent absurdes, ou au moins excessivement exagérées. La circonstance atténuante s'offre d'aller même à chacune de ses observations.

Rôle de Maxime *comique* et insupportable, selon Voltaire. C'est trop dire.

Remarques fines de Voltaire et Laharpe sur Émilie comparée avec Hermione. On ne la plaint pas, c'est vrai, on l'admire.

Cf. *Brutus* de Voltaire. Titus balancé de même entre amour et devoir.

La grande difficulté de cette pièce était de sauver le faible caractère de Cinna, tel que le donnait l'histoire (en dépit du contre-sens de Laharpe). Corneille l'a sans doute bien relevé (voyez la lettre de Balzac), mais il faut avouer qu'il est encore homme bien inférieur et avouant son infériorité.

POLYEUCTE

Caractères de femmes dans Corneille comparés à Racine. Celles de Corneille, des viragos.

Il est un peu comme Sénèque, ses femmes ressemblent à des hommes, pas assez de différence entre les deux. Il y a plus : les femmes d'ordinaire font la leçon d'héroïsme. Dans Racine, elles sont réellement femmes. Celles de Corneille ne sont pas naturelles, elles sont toutes idéales. Émilie, Cornélie, Rodogune. Il est vrai qu'il a aussi Chimène et Camille.

Les conversions finales sont malheureusement distribuées, Sévère devrait bien plutôt se convertir que Félix, surtout après le jugement qu'il fait des chrétiens à la fin du IVe acte. Car il est entendu que conversion est récompense.

Cette pièce ne roule pas du tout sur le christianisme et l'héroïsme des martyrs. Ce n'est pas une tragédie chrétienne. Le christianisme n'y est pas nerf. Le vrai nœud, c'est Pauline et Sévère. Polyeucte et son dévouement de martyr disparaissent derrière ces autres tableaux plus attachants. On ne fait que l'admirer un peu, mais il ne touche nullement. Voyez les observations de Schlegel, tendance chez les Grecs à instituer le dialogue par un nombre de vers symétriques, comme chez les tragiques grecs, ainsi monostiches par deux ou par quatre surtout.

Une des pièces où Corneille a mis le plus d'invention.

Pour apprécier cet admirable idéal de générosité qui formait l'âme de Corneille, il faut le comparer à tous les autres poètes anciens et modernes. On trouve cet idéal de vertu loyale, ainsi passé comme en nature, en routine, si j'ose dire. Oui, c'est si bien sa nature, qu'il en fait à tort et à travers, presque sans s'en douter.

Le grand défaut, c'est Félix, et qu'il accorde la mort de Polyeucte. Comparez *Théodore* de Corneille, *Saint-Genest* de Rotrou.

Je me suis parfaitement rencontré avec Laharpe dans ma réflexion, que Corneille est bien faible quand il n'est qu'écrivain[6].

Quant à l'idée de Voltaire, que Félix condamnât Polyeucte par zèle pour sa religion, c'est la plus *miss-representative* et la plus malheureuse de toutes.

---

[6] Cf. Laharpe, ce qu'il dit du style de Félix. C'est aussi l'observation sur laquelle Voltaire revient sans cesse en son commentaire. Cf. mon analyse de *Théodore*.

Pompée

Photin et Achillas ne sont pas assez différents. Ce sont des personnages faisant un même rôle, ce qui est un défaut. Corneille a ajouté Achillas à Lucain qui ne donne que Photin. La position de Ptolémée et de Cléopâtre est conçue durement, sans délicatesse, et traitée de même.

Nulle part, le système des drames en récits n'est plus…

Il y en a trop, et ils sont d'une longueur et d'un ton insupportables.

Le style sans noblesse ; quelquefois insoutenable vulgarité, et à côté ridicule déclamation ; assemblage qui du reste ne doit pas étonner. Je ne croyais pas que cela fût si bas.

Aucun nœud, tragédie à la manière d'Euripide. Faits relatifs à un même centre, se suivant sans unité rigoureuse, épisode historique mis en scène, et forcé à l'unité de temps et de lieu. Voilà tout.

Amour de César et de Cléopâtre ressemble trop à ceux des romans d'alors : Cyrus et Mandane, etc.

Style aussi fort obscur, à force d'être contourné.

Cette pièce montre tout un côté de Corneille, qu'il porte partout et toujours, mais à un degré différent, et qu'il efface par son génie. Ici, il est en toute évidence. C'est le côté déclamateur, sénécien. Il est [rare] de le trouver aussi libre de toute cause atténuante dans une pièce. Rudiment effacé ailleurs, ici développé.

Cornélie est belle sans doute par moments. Mais encore est-elle souvent conçue déclamatoirement ; sa grandeur et sa force deviennent dureté. Elle n'a qu'une pensée et la répète trop.

Cléopâtre n'est pas dramatique ; elle est trop faible devant César. C'est une matière molle. Cela ne m'intéresse pas.

Laharpe approuve et admire la scène d'ouverture, la délibération sur Pompée. Il est certain qu'il y a en cela quelque chose de beau. On délibère sur le proscrit qui arrive.

César entièrement dégradé, et c'est d'autant plus impardonnable que l'histoire le donnait grand. Pour Ptolémée passe encore, Pompée seul est sauvé, car il ne paraît pas. Il a imité l'esprit de Lucain, encore plus que tel ou tel vers.

Cette pièce a une qualité rare en Corneille, pas de prologue de confidents. De suite en action par la belle scène du conseil, scène qui n'eût pas trouvé place dans le corps de la pièce, ce qui n'a pas lieu pour les scènes de confidents, qui n'ont de sens qu'en commençant.

Saint-Marc Girardin ne trouve pas que cette pièce manque d'unité, elle a unité d'intérêt, cela suffit. Le nom de Pompée, dit-il, centre de l'intérêt (Corneille l'avait bien senti. Voyez examen et préface, ce qu'il dit de ce nom de Pompée). Voyez notes sur *Phéniciennes*, d'Euripide, *aut circa*. (Ad. *Antigone* de Rotrou, pièces relatives à Œdipe, etc.)

Les récits et l'exposition de cette pièce nous représentent exactement les procédés de composition de Sénèque ou Lucain. Voyez Nisard, *Études sur poètes latins de la décadence*; placer à tout propos descriptions et déclamations. Chercher à amener des occasions d'en faire.

SUITE DU MENTEUR

La plupart des critiques que vient de faire Corneille dans son *Examen* sont très judicieuses. Le caractère de Dorante n'est pas vigoureusement dessiné, et n'a rien de comique. D'ailleurs leste en morale. On l'admire dans son combat entre l'amour et l'amitié; Corneille rentre ici dans son thème favori. Cette scène (acte V, sc. III) est la plus belle de la pièce; mais ce n'est pas une scène de comédie; c'est un relief du *Cid*.

Le caractère de Dorante a pourtant un côté assez fin et original, en tant qu'il nous représente un converti qui conserve, comme malgré lui, des traces nombreuses de son ancien défaut. Le personnage de Cliton, ménagé pour faire ressortir ce côté saillant du caractère, est fatigant par la sédulité excessive avec laquelle il s'acquitte de son rôle. Le lecteur est tenté de dire qu'il eût bien remarqué sans cela le trait fin.

Croyez-moi, vous mourez, monsieur, dans votre peau.

La fable simple est bien conduite. Elle est plus claire que celle du *Menteur*, laquelle est fort difficile à suivre. La seule invraisemblance, à mon sens, est que Mélisse n'ait pas reconnu Philiste à sa voix, à la scène de la fenêtre.

Les soins empressés de Cléandre et de Philiste chacun de leur côté pour sauver leur ami forment aussi une duplicité désagréable. L'opposition que semble montrer d'abord Cléandre au mariage est sans but, et d'ailleurs n'aboutit à rien pour la marche de l'action. Enfin, toutes les scènes de Cliton et de Lyse sont tout à fait en dehors de l'action. C'est un lambeau comique attaché à un *drame*, pour en faire une comédie. Cette pièce n'offre en effet rien de comique; elle n'est qu'intéressante par sa fable. Le comique est donc tout réfugié dans les détails et les accessoires et surtout dans l'amourette des deux valets, et les farces de Lyse (fin de l'acte IV, sc. I) également nulles dans l'unité de la pièce. Corneille l'a bien senti, et s'appuie sur le goût des Espagnols à cet égard (v. la première page de l'*Examen* et le haut de la deuxième). Mais ce goût est décidément mauvais.

Ce n'est là qu'un comique de formes, une sorte de parade, amusante pour servir d'entracte, mais qui ne peut suffire à rendre comique une pièce entière qui ne l'est pas, et qui se passerait fort bien de ces appendices pour rire. Outre que ce comique n'a lieu, comme le fait observer Corneille en tête de son examen, qu'entre les personnages subalternes.

Ce Dorante, du reste, avec ses aventures, représente assez bien le jeune gentilhomme de l'époque. Ces deux pièces sont des tableaux curieux des mœurs de ce temps, de cette fièvre aventureuse et galante qui occupait la jeunesse. On les envisageait comme de vraies expéditions. (Voyez les premières scènes du premier *Menteur*.)

RODOGUNE

La plus maladroite exposition en confidence que j'aie jamais vue en aucune tragédie, outre qu'il faut y revenir à deux fois.

En vérité, je préférerais les prologues des anciens, ou bien que l'on jetât de suite le spectateur *in medias res*, qu'on supposât qu'il a lu le préambule historique.

Position unique de Cléopâtre entre ses deux fils. Une des pièces les plus fortes en positions.

Art complet de la tragédie, contexture et idée des scènes, ne peut être bien compris que des praticiens.

Nulle pièce peut-être n'égale celle-ci pour les idées fortes de *scènes*. Celle de Séleucus et d'Antiochus au Ier acte. Celle de Cléopâtre et de ses deux fils au IIe. Rodogune et les deux princes au IIIe acte, et tout le Ve acte. Au moins n'y a-t-il pas de personnages qui ne sont là que pour *entendre*, pour le spectacle, comme Pollux dans *Médée*. Erreur. Corneille lui-même l'avoua (*Examen*). *Ita* Voltaire.

Rôle ridicule d'Oronte.

Style souvent obscur et embarrassé. — L'amour de Rodogune, n'est pas intéressant. Elle a je ne sais quelle fierté qui pourtant n'est pas de la haute noblesse. — Il n'y a de caractère dans cette pièce que celui de Cléopâtre.

Tout le mérite est dans le nœud et dans les situations.

Plein de sentiments forcés, subtils, et par là obscurs.

La révélation de l'amour de Rodogune suspend bien l'intérêt.

Il semble que la beauté des situations a fait oublier à Corneille celles des caractères et des sentiments. Il n'y a pas de raisons suffisantes pour qu'elle tue plutôt Séleucus que l'autre. V^e acte mérite sa réputation.

Cf. Aventure de Nothus et Parysatis. Ces aventures fréquentes en Orient. Encore en Syrie, sous Laodice et Bérénice.

Décidément Rodogune joue un faible rôle d'amour.

Personnage de Séleucus, peu naturel. La renonciation au trône et à Rodogune est insoutenable.

THÉODORE

Il y a dans l'intrigue quelque chose de fort touchant, mais d'un touchant tout chrétien et, si je l'ose dire, populaire chrétien. Didyme et Théodore s'aiment en chrétiens, mais Théodore veut demeurer vierge. Puis, quand elle est prostituée, c'est Didyme, le pur amant, qui la sauve, et ils meurent ensemble. Rapprocher de Sophocle et Ovide. Il y a là un parfum de virginité et d'idéal qui prêtait à un chef d'œuvre. Mais il n'est pas étonnant que, jugée par des hommes secs, ne comprenant pas l'idéal chrétien, ramenant tout à une poétique artificielle, elle ait été sévèrement jugée. Pour moi, je trouve ce sujet ravissant.

Il faut remarquer que Théodore n'est pas martyr de sa foi comme Polyeucte, mais martyre de la chasteté, ce qui suffit aux yeux de l'Église.

Les ressorts sont un peu énergiques, prostitution, maladies d'amour, poignardements à foison. Cela dut déplaire aux puristes de notre ancien théâtre. Après cela, il faut avouer qu'ici, comme dans *Polyeucte*, Corneille n'a pas su mettre dans son idéal tout le pur, le chaste, le flexible du sujet. Sa Théodore est dure comme son Polyeucte. Voyez mes remarques sur celui-ci. Que Polyeucte est tout aussi romain que chrétien.

Elle rentre dans cette grande période romaine, qui remplit toute l'époque culminante du génie de Corneille.

Rapprocher des allusions de Polyeucte aux questions alors agitées sur la grâce, la belle tirade d'Œdipe sur la liberté (contre la fatalité). Allusions directes : « *Que Dieu doit laisser faire…* », vers dirigés directement contre les thomistes.

HÉRACLIUS[7]

L'exposition artificielle est ici au second acte, cela choque moins peut-être.

---

[7] Cf. *L'Orphelin de la Chine*, *L'Héraclius* de Calderon. (CF. Voltaire.)

Voltaire a un peu raison. Corneille ayant acquis sa royauté tragique, fit un peu bon marché du style et ne se gêna [pas] pour le détail. Hors les grands caractères, je trouve Corneille d'une extrême faiblesse, et ne lui trouve qu'une grande facilité à nouer les intrigues.

La nature sensible ne parle pas en ce singulier drame. Elle est abstraite dans Léontine, etc. Là une sorte de froideur. Il n'y a pas de passions en jeu, au moins de ces passions qui intéressent. Phocas seul et Héraclius quand il est touché des bienfaits de Phocas au commencement du Ve acte rendent le son de la nature. On a raison; Corneille n'a jamais peint supérieurement l'amour-passion. Son amour est encore un peu l'amour des romans. Par exemple Cléopâtre et César en *Pompée*, etc. Ici l'amour est *pâle* et effacé dans l'intérêt des incidents.

Corneille excelle à ces noeuds effroyables d'intrigues qui exigent réflexion à chaque vers. Cf. *Le Menteur*, c'est pis encore. Là, c'est un imbroglio indéchiffrable.

Dans ces rapports si compliqués qui lient les personnages par tant de côtés, il y a d'admirables contacts de situations vives, mais pas assez de pathétique senti, rien de doux et de touchant. Un peu des *statues d'airain* qui se meuvent.

Les scènes où Pulchérie et Phocas sont en présence (IIe acte et IIIe) sont fort belles.

Magnifique idée de cette scène où Héraclius et Martian se défendent tous deux devant Phocas d'être son fils, chacun en ayant honte. Cruelle punition de ce tyran.

Style obscur et embarrassé comme la pièce même? Heureusement débarrassé des confidences? Aussi voyez comme Corneille s'en vante dans son Examen. Il trouve que c'est son tour de force, de finesse, en ce genre.

C'est à cette tragédie que Boileau faisait allusion:

> *… Qui, débrouillant mal une pénible intrigue,*
> *D'un divertissement nous fait une fatigue.*

La remarque de Laharpe est juste; l'esprit est trop occupé en cette pièce pour que le cœur soit ému. On a assez à faire à la débrouiller.

Comparez, sous plusieurs rapports, *Lucrèce Borgia*. Dans les deux, une mère un peu reniée par son fils, et trouvant en cela la peine de ses crimes, doute sur la reconnaissance, le fils ne voulant [pas].

Dans les deux œuvres, même ressort tiré de la nature vivace dans un monstre. Phocas et Lucien sensibles comme pères. Avec cette différence que chez le poète moderne, le monstre est une bête féroce, au lieu que chez Corneille, c'est à peine un tyran.

Comparez la terrible scène où Phocas, entre Héraclius et Martian, est renié par les deux, à celle où Gennaro dit : « Tu n'es pas ma mère ! »

La réflexion de Laharpe sur les deux héros est fort juste.

Belles scènes : Phocas entre les deux. Péril de Martian et Héraclius consentant à ce qu'il faut pour lui sauver la vie.

Le combat des deux princes.

Laharpe eût désiré contraste entre les deux, Héraclius, Martian. Idée assez heureuse, mais c'était tout changer ; car c'était rompre leur amitié et cette amitié est un des ressorts essentiels.

Il faut avouer que les classiques n'ont pas tout à fait tort de bannir de la scène les scènes trop fortes pour les yeux, par exemple, les assassinats, les morts. Car cela n'étant pas tout de bon, fait rire, et ressemble trop aux parades populaires où on tire l'épée et on tue à tout moment. J'ai senti cela en lisant dans *Héraclius* (acte V, scène III), la scène où Octavian tire l'épée. J'ai senti que cela me ferait rire.

HÉRACLIUS (DE CALDERON)

Les deux fils, l'un de Maurice, l'autre de Phocas — idée empruntée au poète espagnol. Un autre en est aussi dépositaire, le vieil Astolphe.

Mélanges de comédie et de tragédie. Bouffon de comédie fameux, comme la *Divine Comédie*, tout drame en idée.

La situation d'Astolphe jouant le tyran entre les deux enfants est exactement celle de Corneille. Il faut en dire autant de la dispute des deux Héraclius. Ils veulent tous deux être fils de l'empereur, et nul ne veut être le fils de Maurice.

Belle scène, traitée admirablement. Vers traduits par Corneille :

> *Trop malheureux Phocas...*
> *Trop heureux Maurice.*

Quand Héraclius se dit Héraclius : « Qui te l'a dit ? — Ma valeur. » Cette position de Calderon est admirable, bien supérieure à Corneille. Corneille n'a fait qu'éliminer le romanesque. Mélange de la tragédie et de la comédie à l'origine (Thespis), de l'art. Shakespeare, Calderon, Eschyle.

Bel endroit de Calderon où Héraclius et Léonide aperçoivent Cinthia pour la première fois. Sur la femme. C'est la première femme qu'ils voient.

Autre endroit magnifique. C'est quand Héraclius se fait connaître comme le fils de Maurice à Frédéric sans le savoir, et en croyant se trahir lui-même. Voltaire admire justement cet endroit.

Autres vers traduits par Corneille (*ni fallor*) quand Héraclius dit à Léonide qu'il sera son frère, et que Léonide répond qu'il sera son sujet (tout à la fin). J'ai vu cela quelque part en Corneille *ni fallor*.

Je trouve je ne sais quelle ressemblance entre la pièce de Calderon pour la manière et la conjuration de Fiesque de Schiller. Même complication d'intrigues, incidents dont on ne voit pas bien la suite, à la seule différence que, dans Schiller, il y a de la suite rationnelle, et dans Calderon, il n'y a que l'imagination à tort et à travers, sans ombre de raison. On dirait les vagues images d'un rêve.

NICOMÈDE

L'amour est énormément froid en cette pièce. Cf. la IVᵉ scène de l'acte I par exemple.

Magnifique caractère de Nicomède. Je retrouve enfin Corneille et les *héros de sa façon*. (Voyez préface de *Nicomède*.)

Assez débarrassée de confidences (pas pourtant aussi bien qu'*Héraclius*), oui, beaucoup moins. Elle en était chargée, fin du Iᵉʳ acte, commencement du second.

Le style est clair, facile, pas toujours assez noble. Tombe dans la comédie, surtout acte I, sc. II. Mais enfin le comprendre n'est pas une étude, comme souvent ailleurs en Corneille. Le caractère de Prusias, vieux roi ombrageux, servile au besoin, est bien saisi. Belle peinture des cœurs. Commencement de l'acte II.

Je trouve cette tragédie fort belle et je la mets en tête de celles de second ordre de Corneille.

Je la mets en tête du premier ordre. Très peu de défauts.

Politique romaine parfaitement saisie. Scène de Prusias, Nicomède, Flaminius admirable, de premier ordre.

Cette pièce fait bien haïr Rome au dernier degré. Vraie fureur. Car on aime Nicomède, et on sait qu'il sera étouffé. Oh! si on pouvait espérer qu'il les broiera! Malheureusement, un Nicomède à cette époque était historiquement impossible.

Ce Nicomède intéresse au dernier point. Jamais caractère fictif, je l'avoue, ne m'avait tant attaché.

Et puis, ces personnages sont admirablement groupés pour se faire ressortir, s'aigrir les uns les autres et par là faire naître dans le spectateur je ne sais quel sentiment qui est au moins accompagné d'un grand intérêt.

Manière admirable dont il a su relever Nicomède en en faisant l'élève et le futur successeur d'Annibal, dont le grand nom, comme il dit, ne fait [pas] un petit ornement de son ouvrage. (V. préface, p. 107.) Et puis cette idée du vieux Annibal instruisant ce jeune homme comme son successeur, est admirable.

Attale fait rire, mais la manière ricaneuse dont Nicomède en parle n'est pas sans sel.

Comparez Egée dans *Médée*.

En somme, cette pièce n'a que des taches. Du reste, c'est tout Corneille. Plusieurs *manques* de noblesse. Corneille semblait en ce moment sous une impression bourgeoise et comique. Il paraît avoir ainsi passé durant sa vie par différentes impressions. Ainsi dans *Pompée*, il est sous Lucain, et sous les amours de romans, etc.

Remarquez aussi la belle contexture de la pièce, exemple des défauts ordinaires de Corneille. Pas de personnages inutiles, si ce n'est que Cléone qui est protatique, et puis l'intrigue est simple, et non trop compliquée.

J'avoue que j'ai un faible pour cette tragédie. Je voudrais la placer beaucoup plus haut qu'elle n'est dans l'opinion commune : au contraire, il en est quelques-unes, *Pompée* par exemple, que je place beaucoup plus bas que le niveau où d'ordinaire on les met.

Plus on examine cette pièce, plus on trouve qu'il fallait l'intituler comédie, ainsi que *Don Sanche d'Aragon*. C'est trop dire. — Mais un ton tout à fait à part, vraie tragi-comédie comme les pièces de ce genre de Quinault. Ce ton a quelque chose de plus vrai que le grand ton royal de la tragédie solennelle.

Le grand intérêt tragique de l'intrigue principale, le complot d'Arsinoé, etc., est détruit par le ton comique sur lequel l'auteur l'a pris. Nul ne le prend au sérieux. (Voyez acte III, scène II.)

Magnifique ébauche, seulement n'atteignant pas aux plus grandes hauteurs du sublime. Le ton général dans une région moyenne, mais peu de défauts. Caractéristique de Corneille.

Le caractère de Laodice plaît beaucoup, quoique peu tragique. Ce n'est pas une héroïne, mais elle est vraie et ferme.

Singulier caractère d'Attale. Trop noble pour avoir été un instant objet de ridicule.

Fleur de générosité toute cornélienne, qui domine ce dévouement.

Sur le titre de tragi-comédie, voyez Laharpe, et comment il rattache ce genre aux Espagnols. Il est absurde en disant que les anciens ne connaissaient pas ce genre. *Amphitryon* de Plaute, *tragico-comœdia*. Le drame satyrique et autres genres de transition chez les Grecs.

Sur l'idée principale: Politique de Rome vis-à-vis des rois. (Cf. Préface de Corneille.) Comparez la pièce de *Sophonisbe*, surtout acte III, scène II. Comparez surtout la scène de Loelius et de Massinissa, où Loelius arrête le mariage. C'est exactement *Nicomède*. Comparez aussi Mithridate de Racine. Comparez Flaminius et Loelius.

Cf. Ficher.

ŒDIPE

Iº *Corneille*. Intrigue amoureuse de Thésée et Dircé[8].

2º *Sophocle*, Ardeur et … impétueuse d'Œdipe, courant fatalement à la divulgation du secret.

Son caractère rude ; il lui donne des torts, au moins dans la forme.

Adresse à amener la révélation par les moyens qui semblent devoir rassurer Œdipe. Ainsi ce que dit Jocaste, pour le rassurer contre les oracles en général, et dans toute la scène de la double confidence. Art admirable. Admirable scène de Tirésias: l'homme courant à sa perte et forçant les portes de la fatale vérité.

Œdipe, symbole de l'homme qui préfère la vérité à lui-même et, à tout prix, veut s'éclaircir le mystère, quoiqu'il doive lui en coûter. Jocaste, au contraire, l'âme timide qui s'arrête devant la fatale vérité.(Cf. la scène du berger.)

Attention à faire exécuter les oracles malgré les railleries des personnages, et précisément par ce qui fait l'objet de ces railleries. Ainsi Jocaste qui argumente contre les oracles de la mort possible de Polybe, et c'est justement par là qu'il s'accomplit. Voyez la réflexion de Jocaste, lorsque Phorbas lui annonce la mort de Polybe. Œdipe fait la même réflexion. Cela devait faire un effet admirable sur les croyances primitives. Même jeu dans la scène d'Œdipe et des bergers, où Œdipe est frappé par ce qu'on lui dit pour le rassurer. Dénouement loué par Aristote.

Admirable sortie de Jocaste: « Je te parle pour la dernière fois. »

Œdipe (de Sénèque)

---

[8] Vers sur la fatalité. Cf. mon édition et notes.

Fatalité exagérée: *Phoebi reus.*

Au lieu de cette ravissante ouverture de l'Œdipe grec, ici, ce sont des déclamations d'Œdipe et de Jocaste.

Il met sur la scène le sacrifice magique de Tirésias et Manto.

Réflexions d'Œdipe sur la mort qu'il veut se donner: ce n'est pas assez pour son crime; il faut vivre malheureux, pour vivre, mourir et renaître toujours. — Ses yeux se tiennent à peine à leur place, ils vont au-devant de ses mains. Œdipe levant la tête pour bien s'assurer qu'il n'y voit plus, et arrachant les moindres fibres.

Subtilité de Jocaste, si elle appellera Œdipe son fils ou son mari. Elle se tue en déclamant; Œdipe s'exile en injuriant Phoebus.

CORNEILLE[9]

Caractère de Dircé bien tracé, il fait le fond de la pièce. Épisode substitué au sujet principal. Caractère de Dircé ferme; ne veut pas d'Amon.

Je vous ai déjà dit, Seigneur, qu'il n'est pas roi!

C'est bien encore Corneille.

Œdipe n'est que secondaire en cette pièce; surtout la reconnaissance ne joue presque aucun rôle. Mauvaise liaison des deux parties de la pièce, on voit deux morceaux collés pour plus de complication.

En *Préface* de Corneille, le «siècle de Sophocle et de Sénèque». Oh! quel goût avait cet homme! Cela ne se conçoit pas. Car enfin entre ces deux hommes il n'y a pas de comparaison, mais même il n'y a pas d'analogie, pas plus qu'entre un écolier de seconde qui fait des vers latins et Virgile.

VOLTAIRE

Scène de la confidente. Je blâme les longs récits de la fin. Il semble raconter à dessein et pour faire effet sur Jocaste. Cela n'est pas de l'artiste consommé. Sophocle! Monostique en cet endroit.

Sujet traité par

1°   Sophocle,

---

[9] V. *Supra.*

2° Euripide (perdu),
3° Sénèque,
4° Giustiniano Orsatto,
5° Corneille,
6° Voltaire.

Pour apprécier Sophocle, il faut le comparer aux essais qui ont suivi et qui en sont bien à une énorme distance. Simplicité, marche ravissante, scènes admirables. — Caractère d'Œdipe merveilleusement tracé : fatalité, fureur qui le précipite au vrai. Tout cela est sublime. Quelle différence avec le caractère *politique* que lui a donné Corneille et qui est si déplacé et si *miss*-représentatif.

Allusion contre les prêtres. Discours de Philoctète et Jocaste :

Notre crédulité fait toute leur science.

Une scène de confidents pour peindre les malheurs de Thèbes, au lieu de l'admirable scène de Sophocle. Oh ! Dieu ! se peut-il ? Et cela s'appelait être antique ! Ces malheureux confidents nous appartiennent en propre.

Ici c'est Philoctète qui fournit l'épisode d'amour (avec Jocaste) lequel se lie aussi mal à l'action principale. On a remarqué que toutes les scènes et actes qu'il remplit pouvaient se supprimer sans inconvénient.

Acte III, scène de Jocaste et d'Egine. Cour d'Œdipe peinte comme une cour raffinée et profonde.

Scène de la confidence, chef-d'œuvre du XVIIᵉ ou XVIIIᵉ siècle.

Œdipe chez Admète de Ducis. Mélanges d'*Alceste*, d'Euripide et d'*Œdipe à Colonne*. Pas d'unité ; deux plans non liés. Pièce à machines, se rapproche de l'opéra. La pièce finit par la mort d'Œdipe, d'un coup de tonnerre dans le temple des Euménides, l'autel s'allume, etc.

SERTORIUS

Combien l'amour est faible en cette pièce. Ce n'est pas une pièce, c'est un calcul d'intérêt. Voyez les notes de détail.

Nulle part on ne sent mieux le faible de Corneille à traiter l'amour et sa différence palpable avec Racine. Ici elle est exagérée et par là plus sensible. Ailleurs elle n'est pas moins réelle. Ce que j'admire en Corneille, c'est son extrême variété.

Chacune de ses pièces a un *caractère* à part, par exemple Héraclius, Nicomède, etc. On peut [dire] à chacune : celle-ci est type de telle chose, etc., elle caractérise Corneille à tel point de vue.

Scène de Pompée et d'Aristie imitée de Lucain (Caton et Marcia). L'acte III est remarquable, Pompée et Sertorius, Pompée et Aristie.

Il n'a plus de force, de haute noblesse. Où est Camille, Cornélie même ? Loin d'avoir l'enflure et le don d'autrefois, il est faible, flasque, épuisé. C'est un phénomène littéraire qu'un tel affaissement.

Cette tragédie est vraiment faible ; marche traînante, indécise.

Pièce froide, pas un instant d'émotion, ni de vrai intérêt.

Le rôle de Perpenna est insoutenable.

Le dénouement n'est pas plus satisfaisant que le reste.

Le caractère de Sertorius seul conserve quelque ombre de Corneille.

Quelques étincelles encore de beaux vers, avant de s'éteindre entièrement.

Comparez Aristie à Cornélie de *Pompée* et Sophonisbe.

Amour accordé à condition que celui à qui on l'accorde sauvera l'honneur. Tour familier à Corneille et bien dans son esprit.

Situation d'Aristie et de Pompée n'est pas sans intérêt dans la pièce.

SUR RACINE

La Thébaïde[10]

Amour de Créon pour Antigone, fort analogue à ces maladroites amours cornéliennes, par exemple à celui de Maxime pour Émilie. Autres imitations de Corneille. Voyez Laharpe.

Le rôle de Créon soufflant la discorde est pris de Rotrou. Il est trop sûr que les deux frères ne se réconcilieront pas. Dès lors, plus d'intérêt. Il eût fallu qu'on eût pu l'espérer, puis qu'un incident subit fût venu le briser. Le style est déjà très pur et très facile. Le fond pauvre. Cela prouve que le style chez lui était distinct du fond, et antérieur au fond.

La Thébaïde n'est nullement dans le goût des romans comme Alexandre. Cette pièce est sans couleur.

Plein des vers durs sur l'autorité royale et le despotisme. Je les ai notés. Voyez suite acte II, scène III.

Jocaste et Antigone ne savent réellement [pas] ce qu'elles veulent. Elles prient et supplient, voilà tout. Créon n'a pas de caractère assez soutenu.

Emploi fréquent du dialogue cornélien tel que je l'ai dépeint ailleurs, surtout acte IV, scène III.

On reste froid dans toute cette pièce, malgré le pathétique pénible des situations.

Laharpe a raison : tout le talent versificateur de Racine se retrouve déjà en ces deux pièces.

(Stace)

Malédiction d'Œdipe au commencement, on ne sait pourquoi. Quelle mouche le pique au milieu de tout ?

Sotte énumération en commençant. Chanterai telle chose… telle chose…

---

[10] Cf. les sept chefs-d'œuvre d'Eschyle, *Les Phéniciennes* d'Euripide, Stace, etc. Cf. notes de Saint-Marc Girardin.

etc. Compliment à Domitien : il chante Thèbes en attendant qu'il chante ses conquêtes.

Livre VII. Sortie de Jocaste. Combine le ton comique qu'il lui donne en embrassant son fils qui pleure est déplacé ! La mère de Racine (en *Frères ennemis*) est bien plus sensible. Il prétend que les guerriers en pleurèrent. C'est se flatter. Écolier ; aussi froid avant qu'après. Douleur convenue.

Livre VIII. Apparition d'Œdipe. Trait d'un incroyable ridicule. Œdipe essuyant pour la première fois le sang caillé sur ses joues. Cf. Saint-Marc Girardin. Toujours le trait physique. Cela n'a d'égal que la description anatomique que nous donne Sénèque d'Œdipe s'aveuglant lui-même.

Ibid. Épisode d'Atys. On est bien capable de concevoir encore une scène touchante, mais non de la lier au reste. L'amour d'Atys n'a pas d'antécédents, etc. Cf. Saint-Marc Girardin. J'avoue pourtant que cet épisode ne manque pas de quelque vérité de sentiment. Déjà l'amour joue un rôle. Cela n'est plus grec.

Rôle des dieux ridicule dans Stace. Tisiphone, Junon et Jupiter, livre XII. Cf. Saint-Marc Girardin. Et puis quelle différence de tous ces héros inconnus à tous ces noms célèbres et sonores des anciennes épopées ! Il nous parle de Théodamas. Qu'est-ce que c'est que tout ce monde-là ? Machines d'écolier. *Écolier qui imagine des héros pour les chanter.* Les grands poètes chantent des héros tout trouvés faits par la tradition. Ils les trouvent et les chantent. Les poètes artificiels *les font* pour les chanter. Que c'est pitoyable !

On voit le poète qui *veut* faire des vers, et qui se crée un sujet. Le grand poète chante, parce que le vent souffle.

Les divinités allégoriques font déjà presque tout le merveilleux. Ainsi la Piété au XIe livre.

Combat des deux frères (livre XI). Que ce sujet est peu intéressant ! Que ce combat de deux frères est révoltant, et attache peu !

La comparaison des deux vaisseaux qui se choquent et s'engouffrent tous deux n'est pas sans beauté. Mais quelle sottise de mettre de suite après celle des deux sangliers. L'écolier qui ne sait pas se contenir, et qui craint de perdre une idée.

Ridicule de Stace donnant trop de réalité et des sentiments trop nets aux Furies, etc., et à toutes ses créatures, sur lesquelles on veut faire passer un peu de fable, comme dans les anciens poètes, mais dont on ne supporte pas une trop rigoureuse personnification. Comparez Tisiphone, ailleurs, et surtout le discours à la Lune, ses jalousies, etc. Cf. Saint-Marc Girardin.

Pensée empruntée par Racine. *Qu'il meure mon sujet !* Je l'ai noté à Racine, acte V, scène III. Stace la gâte un peu plus bas par une puérilité. v. 559-560.

Qu'on apporte le sceptre… Il faut qu'il exagère et gâte tout. On n'est sûr de rien avec lui.

J'aime l'exclamation du poète à la fin : *Ite, truces animae* (v. 574). C'est dans le goût de Lucain. Ses réflexions après la bataille de Pharsale, après la mort de Pompée, etc. Ce combat après tout n'est pas sans beauté.

Ridicule description d'Œdipe sortant de son palais. L'image est grande et belle, mais il gâte par ses traits physiques. Voy. Saint-Marc Girardin.

Discours d'Oedipe, v. 605. La remarque de M. Saint-Marc Girardin est parfaite. Le premier trait est absurde. Réflexions. Néanmoins, il faut avouer qu'à cet endroit il y a des scènes fortes et une sorte de gros intérêt, mais mal saisi ; c'est indépendamment de l'auteur.

Remarquez aussi la singulière ressemblance de cet *Œdipe* avec celui de Sénèque. Tous deux ne songent qu'aux traits anatomiques, aux yeux crevés, etc.

Et puis, je vous pris, quel intérêt, quelle nationalité, en tout cela ? L'écolier qui prend un thème à faire des vers. N'importe lequel, il en faut un. Sera-ce la Thébaïde ou l'Héraclide, etc.? Ce sera la Thébaïde. Adopté au hasard.

LIVRE XII

Champ de bataille après le combat[11].

V. 116. Vers presque copié de Virgile.

Les femmes argiennes qui viennent chercher leurs cadavres. Belle scène.

V. 177. Ces réflexions d'Argie ont quelque chose de touchant. Ce dernier chant, consacré comme dans tous les drames et épopées antiques, à la sépulture après la bataille ou la catastrophe (ce qui n'était pas un hors-d'œuvre comme chez nous) est en effet assez beau.

Imitation de Virgile.

Euripide *in toto*.

La scène d'Argie et d'Antigone est décidément très belle, moins dans la dramaturgie, la nuit, la lune, que dans l'effet dramatique, et leur reconnaissance sur le cadavre. Discours d'Argie surtout est très beau, et même touchant. « Il l'aimait plus que moi… » Cette amitié sitôt formée entre ces deux femmes malheureuses est d'un bel effet.

---

[11] Cf. Saint-Marc Girardin.

Alexandre

Je trouve la conduite, l'entrée surtout, fort analogue à la manière de Corneille. Comme dans *La Thébaïde*, il suit encore la manière de son maître. Le caractère de Porus est un des plus beaux de Racine, et assurément le plus cornélien.

La deuxième scène du premier acte est toute dans le goût de Corneille. Générosité sublime. Il est digne du grand maître, et prouve que Racine eût été supérieur en ce genre si sa faculté dominante ne l'eût entraîné ailleurs.

Cette pièce est déjà, selon moi, d'un ordre bien.

Le style de Racine y est déjà à peu près tout entier. La forme était rimée dans cet homme. Déjà en *Thébaïde*, elle serait belle, si le fond y était. Mais il est encore écolier.

Ces deux plans d'amour qui se superposent font mauvais effet ; d'autant plus qu'ils n'ont rien de connexe. J'aime mieux la simplicité de *Bérénice*.

Depuis le troisième acte, l'intérêt tombe entièrement. Quant à l'amour, je le trouve de fort bonne qualité. Il n'est pas vrai qu'il ne dise rien de tendre, mais, selon moi, il n'en dit pas trop. C'est sans doute une surcharge historique. Mais il est convenu qu'on n'y regarde pas en Racine et Corneille même.

L'intérêt à la fin se transporte tout entier de celui d'Alexandre-Cléofile à celui de Porus-Axiane. Le plan et le nœud sont faibles.

Le caractère de Taxile est trop déshonoré.

Laharpe a parfaitement tort, quand il ne voit dans l'amour d'Alexandre et de Cléofile que celui de César et Cléopâtre en *Pompée*. Voyez l'observation que j'ai faite en marge à ce sujet. Les premiers vers en effet :

Je suis venu : l'amour a combattu pour moi

m'avaient fait trembler un instant. J'avais cru voir se reproduire le même ridicule. Du reste pourquoi ne pas faire Alexandre amoureux ! Nul caractère ne me semble mieux y prêter. Il prête même à un fort bel idéal d'amour. Laharpe a tort, excepté en ce qu'il dit sur le défaut de plan et d'action. J'avais fait exactement la même réflexion.

Andromaque

Incomparable.

Il faut avouer pourtant qu'il y a là bien des complications d'amour. Il y en a trois, vu que nul n'est réciproque.

Oreste pour Hermione.

Hermione pour Pyrrhus.

Andromaque, amour maternel. Trois ressorts, je n'en voudrais qu'un.

Peu de caractères. C'est l'homme. Rien de différencié. Cela est caractéristique de Racine. *Un beau blanc, sans couleur.* Pyrrhus seul a quelque physionomie, surtout acte I, scène III. Hermione et Andromaque sont aussi dessinées de main de maître. Mais ce ne sont pas des types branchés ; je n'entends pas que ce soit un reproche.

Ce que j'aime le mieux en tout cela, c'est Andromaque, tout à Hector, et à Astyanax, où elle voit Hector (acte II, scène V). Idéal de la mère et de l'épouse. Qu'il a bien fait de ne pas prodiguer Andromaque ! Elle apparaît *rare*, comme l'idéal de la pièce, le céleste voilé. Les scènes du milieu sont les plus belles, surtout la suspension après le troisième acte. Le dernier acte ne me plaît pas tant, malgré de beaux endroits.

BÉRÉNICE

Jamais je n'avais ressenti une telle émotion. Et quand on songe que ce prodigieux intérêt est produit par la plus simple des intrigues ! Tout est dû au cœur qui parle, rien à la complication de l'intrigue comme dans *Héraclius, Rodogune,* par exemple. Oh ! quel homme ! je rends les armes. C'était un génie de premier ordre, et je le préfère à Corneille. Qui n'admire pas cette manière, ne s'extasie pas devant elle, n'a pas le goût du goût. Je ne crois pas qu'il y ait mieux à chercher. Seulement, malheur aux imitations ! Ils le rendront insipide ; mais pour lui, il est admirable. Et quand on songe que c'est son moindre ouvrage, d'après le sentiment commun, qui, du reste, je crois, ne sera pas le mien. Mais les gens grossiers ne comprendront jamais ces traits délicats.

Comparez cette admirable manière passionnée qui fait attacher un si haut intérêt de pathétique à une séparation, à la froideur avec laquelle ce fait est représenté dans *Sertorius,* par exemple, et surtout dans *Tite et Bérénice* de Corneille. Dans Corneille, ils se quittent par raison. Ce sont presque toujours chez lui (dans *Sertorius* surtout) des mariages de raison. Tout dépend du ton où l'on monte les choses. Racine, ayant peint leur amour au plus haut degré, sa rupture atteint le plus haut degré de pathétique.

L'ensemble de la pièce n'est pas satisfaisant pour ceux qui prennent l'art comme une combinaison. Mais il y a des peintures incomparables, et cela me suffit ; le plan pour moi n'est que pour amener cela. Il n'a aucune valeur en lui-même.

Je suis converti ; je juge cette manière comme tous les classiques. C'est le beau et le pur. Le reste est grossier.

Prodige ! Prodige ! je le répète, que l'art qui attache, et arrache des larmes avec si peu de chose. Voyez la préface de Racine. Elle est merveilleuse comme appréciation de sa pièce. Je suis exactement de son avis.

Et bâtir sur ce rien une foule de scènes pathétiques !

Dans Corneille, le sénat leur permet de s'unir et ils ne veulent pas. Dans Racine, certainement, ils l'eussent fait. Peut-être même peut-on trouver insuffisantes les raisons qui forcent Titus à ce rude coup. Ce que dit Titus dans son monologue, n'est que trop fondé.

Quoi que disent Voltaire et Laharpe, que ce sujet ne convenait pas à Corneille, je trouve au contraire qu'il était bien dans son idée générale : sacrifice de l'amour au devoir. Racine a peu fait valoir ce côté du sujet. Voyez monologue de Titus à la fin (acte IV, scène IV, et la scène V de ce même acte).

Oh ! que j'aime cette simplicité harmonieuse de marche, bien plus que toutes les complications de notre théâtre !

Type de l'intérêt tiré de la manière, quand le sujet n'en fournit aucun.

Admirable talent de Racine ! Le sujet n'est rien pour lui. Toujours très ténu, souvent mythologique, sans intérêt. Ce n'est qu'un thème à bâtir, à faire de la peinture de l'homme.

Singulier effet que produisent tous ces personnages *doubles* (le personnage et le confident ; partout où va l'un, va l'autre ; et quand ils veulent s'en défaire, ils sont obligés de le dire expressément). Cela est un peu lourd. Du reste, ces trois personnages, car il n'y en a que trois, font un effet admirable. Art d'avoir réuni les trois personnages pour la scène finale. C'est une vraie pièce grecque, et quant à la contexture du drame (je ne dis certes pas pour la passion), je ne vois pas de pièce moderne qui se rapproche plus des Grecs.

Admirable simplicité de conception, et cela même sans caractère proprement dit, rien qu'une *situation* remplissant une pièce, sans qu'il y ait un moment de vide. En général, Racine a peu de caractères. C'est l'homme et le cœur, agissant d'après des lois générales, mais sans différenciation des individus. *Athalie* est peut-être la pièce où il y en a le plus.

Quelle profusion d'amour ! Rien que cela, de tous côtés ! Singulier théâtre ! Mais c'est beau !

Bajazet

L'amour d'Acomat pour Atalide est de trop. Il n'a aucun intérêt, ne fait rien à la pièce, et à la fin devient ridicule. A quoi bon introduire sans besoin une thèse qui ne peut prêter qu'à des couleurs pâles?

La fin me semble traînante. Après le «Sortez!» tout est faible, surtout, lorsqu'à la fin de la scène suivante, elle ordonne à Zatime de voir ce qui est arrivé à Bajazet.

La lettre de Bajazet à Atalide sent trop fort le billet doux des comédies d'alors. C'est surtout sa tournure en vers d'une forme à part qui lui donne cet air. Cela fait supposer en effet que Bajazet songea expressément à l'écrire en vers. Au lieu qu'en prenant l'alexandrin comme pour le reste, puisqu'il est entendu que l'alexandrin représente la prose, on ne supposait pas que Bajazet eût l'idée de l'écrire en vers.

Dites-en autant de la lettre du sultan. Mairet de même dans *Sophonisbe* a mis en rimes croisées la lettre de Sophonisbe à Massinissa.

Enfin, il y a l'irrémédiable défaut du caractère de Bajazet que j'ai signalé.

Athalie

Si quelque chose est capable de faire sentir la différence du génie grec et du génie moderne tel que l'a fait le christianisme, relativement à la manière de sentir et à l'élévation morale, c'est assurément le parallèle de l'*Ion* d'Euripide et de l'*Athalie* de Racine. Rien aussi ne prouve mieux combien l'inspiration biblique a dominé dans la composition de cette pièce au-dessus de l'inspiration grecque.

Ion rappelle beaucoup de traits de Joas. Comme lui, il a été élevé dans un temple. Une prêtresse fut sa mère adoptive. Quand il retrouve son père et que celui-ci [cherche] à le séduire par de magnifiques promesses, il répond par des refus, qui rappellent ceux de Joas, sauf la grande inspiration morale et religieuse. Il vante le bonheur dont il jouit dans le temple. Ion est aussi le favori d'un dieu (d'Apollon) qui conduit toute la pièce, et dont l'autorité justifie tout ce qui se fait de contraire aux idées communes, de même que, dans *Athalie*, le Dieu des Juifs fait tout et sanctionne de sa divinité tout ce qui s'y fait d'extraordinaire.

Mais, à part ces ressemblances matérielles, quelles différences dans l'idée morale et poétique! La pièce d'Euripide est une sorte de roman tragi-comique, qui excite un rire demi-cynique et toujours trivial. Ion est d'une impayable naïveté dans toute cette aventure, dont il semble fort peu satisfait. Il reçoit d'abord fort mal Xanthus son père, qui vient se jeter dans ses bras en l'appelant son fils. Un poète moderne eût fait autour de cette reconnaissance une grande dépense de sentiments. Ion reste froid comme glace. Il ne veut pas de tout être fils de son père, et le traite de fou. Il ne tarit pas de questions, toutes fort naïves. Sa mère surtout l'intrigue beaucoup. Ce n'est qu'après qu'Apollon a parlé qu'Ion se résigne. Apollon réussit à force de finesse à faire adopter son bâtard à Xanthus. Puis toute une intrigue où la mère se trouve dans un cruel embarras, et Ion, au milieu de tout cela, fort mécontent de son espèce de naissance, s'imaginant que le nom d'Apollon n'est qu'un manteau pour une intrigue moins divine et poussant la familiarité jusqu'à interroger Créuse sa mère sur ce sujet délicat. Voilà un charmant frère à Joas!

Il y a pourtant une scène, où la ressemblance matérielle et morale est plus frappante. C'est celle où l'on refuse de quitter le temple pour les vains honneurs qu'on lui offre. Euripide s'y est une fois au moins élevé au ton touchant et pur.

«Souvent l'objet qui brille de loin perd tout son éclat quand on l'examine de près...

Mais l'or, dites-vous, dédommage de tout; il est si doux d'être riche! Loin de moi des richesses accompagnées d'alarmes! Un bien modique qu'on possède avec honneur et sans inquiétude, a pour moi plus d'attraits. Dans cet asile fortuné, tout rit à mes yeux jusqu'à ce jour. Je trouve dans ce temple deux trésors assez rares, le doux repos, l'innocente paix. Ici, le méchant ne m'a jamais détourné de ma route; je n'ai point éprouvé l'insupportable affront d'être forcé de céder le pas à celui qui vaut moins que moi. J'offre aux dieux les prières et les plaintes des mortels; témoin de leur joie ou de leur tristesse, je conserve une âme toujours égale. Pendant que je reçois les adieux des uns, d'autres arrivent. Toujours nouveau pour eux, ils sont toujours nouveaux pour moi et, ce qui doit être l'objet des désirs de tout homme sage, mon cœur s'accorde ici avec mon devoir. La nature, de concert avec la divinité, me fait ici une loi d'être juste. Voilà ce qui rend à mes yeux cette retraite sacrée préférable à la cour d'Athènes. *O mon père, laissez-moi vivre pour moi!* (Ah! le charmant garçon!) Si je trouve le bonheur, que m'importe que ce soit dans l'éclat ou dans l'obscurité!»

On le voit, la situation matérielle est la même. Mais quelle différence entre ce réalisme cru et grossier, et la plus céleste des scènes, le plus évangélique et le plus pur des caractères! Ici un vil égoïsme, une absence complète des plus doux sentiments de la nature; là, l'oubli de soi dans sa naïveté. Ion aime le temple comme le rat son fromage de Hollande, Joas comme la maison de Dieu, une patrie calme et douce où tout son cœur est casé et satisfait. Enfin, que les pâles idées morales qui apparaissent dans Ion disparaissent devant ce front pur de l'enfant évangélique et chrétien, tel que Racine a su le rendre dramatique!

Comparerai-je encore le rôle brûlant et plein de majesté de Jéhova dans *Athalie*, vrai Dieu des Juifs, terrible, vengeur, Dieu des promesses, tout providentiel, menant tout à ses fins, à la caricature d'Apollon dans *Ion*? Inutile sans doute! C'est la distance de l'idéal infini à la conception basse, vulgaire et sans morale, contente d'intéresser et de faire rire sans élever, capable de vivre en un jour, que dis-je! d'écrire une pièce entière sans songer à l'idéal du beau et du bien, sans y aspirer, sans l'exprimer, ou au moins en rendre quelques teintes[12].

Ma manière d'envisager *Athalie* comme un tour de force, une tragédie-type quant à la forme, une sorte de tragédie modèle, mais où il n'y a presque que la forme. Ce qui caractérise ce point de vue pour moi, c'est l'étrangeté du sujet. [Racine] dut considérer cela en son esprit comme une forme appliquée à un fond étranger, dans le genre de l'essai que firent les poètes latins de la Renaissance pour paganiser le christianisme. Le cadre de la tragédie classique imposé à un fond biblique. Cf. une note que j'ai rédigée quelque part sur ce sujet.

De l'imitation de la bible dans «Athalie»

Ce fut sans doute une nouveauté, lorsque, au milieu du siècle qui avait restreint l'orthodoxie littéraire à l'imitation des modèles de l'antiquité grecque et latine, un poète, qui lui-même s'était fait l'écho le plus pur des modèles classiques, songea à emprunter ses inspirations à un livre vénéré aussi comme symbole d'une autre orthodoxie, mais où la poésie profane s'était cru tout d'abord interdit. La Bible en effet, et, plus généralement, le christianisme, en s'imposant au siècle de Louis XIV comme foi religieuse, semblèrent s'être dépouillés de leur beauté comme objets d'art et de littérature. Trop accoutumés à les envisager comme un code dogmatique de définitions et de formules, ces chrétiens sévères en oublièrent le côté esthétique, et eussent cru les mésallier, en les unissant à la poésie, que l'on concevait alors comme quelque chose d'assez frivole. L'Épître de Boileau sur l'Amour de Dieu nous paraît sans doute passablement sérieuse, et pourtant il nous apprend lui-même que l'on regarda comme une extrême hardiesse d'avoir osé traiter en vers un pareil sujet. Il ne faut pas donc s'étonner si la *hardiesse* de Racine fit moins fortune encore, et si les critiques étouffèrent

---

[12] Pièces grecques où des enfants jouent un rôle et parlent: *Médée, Andromaque, Alceste, Les Suppliantes*. Encore ils ne disent jamais que quelques mots. Ils ne font qu'émouvoir la compassion.

un moment son œuvre biblique, quelles que fussent les précautions qu'il eût prises pour lui donner la physionomie seule de mise alors dans les productions littéraires.

Nul siècle en effet n'était moins fait que celui de Louis XIV pour admirer les beautés de la poésie hébraïque et orientale : nul en effet ne fut plus exclusif dans son esthétique, et ne proclama plus formellement que rien n'était beau en dehors du type auquel il avait accordé la monarchie absolue en littérature. Ce n'est pas que la Bible n'y ait été admirée ; mais j'oserai le dire, elle le fut maladroitement. Nous n'admirons en effet que ce qui nous est analogue, et le modèle grec offrant à ce siècle le beau absolu, il n'admira dans la poésie hébraïque que ce qui se rapprochait de ce type, par un procédé semblable à celui de ces esprits superficiels qui n'admirent dans les ouvrages de l'antiquité que les traits qui se rapprochent plus ou moins de leurs idées modernes. Lisez les analyses littéraires que nos anciens critiques donnent des morceaux de la poésie hébraïque qui ont forcé leur admiration, on dirait qu'ils commentent une ode des époques réfléchies, supposant dans le poète art et combinaison. Le bon Rollin, ou plutôt son professeur Hersan, par exemple, analyse le cantique des Hébreux après le passage de la mer Rouge, comme il l'eût fait d'une ode d'Horace ; il y fait remarquer l'exorde, la suite des pensées, le plan, le style même, sans songer à ce qui fait la véritable beauté de ces antiques poésies : l'inspiration spontanée de l'esprit humain à son enfance, indépendante des formes artificielles et réfléchies, produit naïf de l'âme jeune et neuve dans le monde, et portant partout le Dieu dont elle conserve encore la récente impression. Il y avait loin sans doute du traité classique du docteur Lowth, qui admira la poésie hébraïque comme le siècle de Louis XIV, à cette esthétique belle et sentie de Herder, devinant par son génie tout oriental ces inspirations naïves, ces premiers chants de l'humanité (comme il les appelle), ce parallélisme perpétuel du ciel et de la terre, ces antiques entretiens des *Elohim* avec les hommes. Aussi bien, les moyens herméneutiques alors moins nombreux, l'étude des langues orientales fort négligée en France, l'état informe où ces monuments se livraient à l'admiration, et surtout l'idée qu'ils étaient le partage exclusif des théologiens, purent contribuer à en éloigner la littérature. Bossuet seul, avec son génie tout biblique et si plein de haute poésie, sut les comprendre d'une manière supérieure, malgré l'écorce grossière à travers laquelle il lui fut donné d'entrer en contact avec eux. Bien plus, il osa les imiter, et ses plus beaux mouvements oratoires ne sont souvent que des tours ou des images empruntés aux prophètes dont il sembla faire revivre la forte et austère majesté.

Ce serait sans doute un blasphème de dire que Racine ne comprit pas la poésie de la Bible : mais, j'oserai le dire, il la comprit à sa manière, et en la teignant de ses couleurs favorites. Doué d'un tact si délicat de l'antique, il ne pouvait manquer d'admirer cette simplicité primitive, qui établit tant de rapports entre l'ancienne poésie grecque et celle des Hébreux. Mais, étranger par ses études et son génie au tour oriental, à ses hardiesses, à ses images, à sa manière abrupte et concise, il n'eut de sens que pour ce qui lui rappelait Sophocle ou Virgile. En empruntant à l'histoire des Hébreux le sujet de son *Athalie*, et à leurs traditions religieuses et poétiques leurs couleurs dont il orna son tableau, ces couleurs se décomposèrent entre ses mains. Le prisme grec en intercepta les plus vivement nuancées et ne laissa passer que celles qui lui étaient analogues. Dieu me garde de vouloir rien ôter à la beauté d'un inimitable chef-d'œuvre ; mais je crois n'énoncer qu'un fait en disant que c'est un fort mauvais tableau historique. Je ne prétends pas que ce soit un reproche : la poésie n'est pas l'histoire : elle crée son idéal de couleurs rassemblées çà et là. Son but est l'expression du beau, et non la peinture exacte de telles ou telles mœurs. Seulement il serait peut-être à désirer, ou qu'elle se contentât d'exprimer le beau dans ses formes générales, sans le revêtir d'aucun costume national, ou que, si elle emprunte les traits individuels d'un peuple ou d'une époque partielle, elle le fît tout de bon, et ne nous présentât pas des Hébreux parlant comme des contemporains de Sophocle ou des chrétiens du XVIIe siècle. Qui passera à la lecture de Job ou même d'Isaïe à celle de Racine ne pourra s'empêcher de crier au mensonge, et malgré lui, cette arrière-pensée le peinera dans son admiration.

Il est vrai que toutes les traditions nationales, le temple, le grand-prêtre, la loi, les sacrifices, la race de David, les traits de l'histoire sacrée, reparaissent sans cesse dans la tragédie classique. Un critique en eût désiré plus encore ; je ne serais pas si exigeant : la couleur locale qui résulte de ces menus détails est mesquine : c'est un procédé trop facile que celui de tant d'écrivains, qui croient peindre une époque en combinant de toutes les manières possibles un certain nombre de mots qu'on est convenu d'y attacher comme des formules mnémotechniques. Il y eût une peinture plus hardie et plus fidèle, qui se fût efforcée de saisir l'esprit original de la nation, de pénétrer sa vie morale et intime, de la regarder vivre, ou plutôt de vivre un instant avec elle. Ce n'est pas en combinant quelques traits de cette sorte que Herder et Klopstock ont rappelé, d'une manière frappante dans leurs imitations, le ton des poètes hébreux. C'est en saisissant l'esprit même qui les a inspirés, en entrant dans le cercle de leurs pensées et de leurs sensations, en se plaçant au même point de l'humanité qu'ils occupèrent, afin de voir et de sentir comme eux.

Je ne parcourrai point en détail les différents traits de mœurs qui forment le coloris du poème, pour juger de leur valeur historique. La plupart sont empruntés à l'histoire ou, du moins, aux traditions juives. Mais il en est peu qui soient exempts de ce qu'on peut appeler après un grand écrivain le défaut de *miss-representation*. Le temple, par exemple, ressemble beaucoup trop par son architecture à un temple grec, et par ses habitants à un monastère. Racine en a calqué le type sur les traditions chrétiennes de l'Église orientale, qui, entraînée dans les premiers siècles vers la vie cénobitique, ne put concevoir le temple des Juifs que sur le modèle d'un monastère ou d'une église chrétienne. Les habitants en sont aussi beaucoup trop ascétiques, et au courant d'une foule d'idées qui échappaient complètement à ces mœurs simples et à ces intelligences incapables de toute métaphysique.

Les caractères sont-ils plus hébreux que la couleur générale des mœurs? Parmi eux, il en est un que l'on doit regarder comme une vraie inspiration biblique, un type que l'antiquité classique dut ignorer, et qu'elle n'eût pu révéler au poète. L'antiquité en effet connut à peine le type sacerdotal; ses prêtres n'ont d'autre caractère que celui qui leur est individuel. Pour trouver l'idéal dans sa généralité, il faut pénétrer les sanctuaires des nations religieuses et théocratiques de l'Orient. C'est là que Racine a pris Joad; Joad, un de ces merveilleux types devant lesquels l'âme humaine admire et reconnaît sa force, dépassant de toutes parts la réalité, et ne retenant de l'homme que ce qu'il lui faut pour être encore dramatique. Assurément un tel caractère n'est d'aucune nation, sa patrie, c'est l'idéal: mais comme tous les types célestes, il a dans le réel son ombre correspondante, dont les traits plus pâles servent d'occasion au génie pour le créer. Or, où chercher les traits épars de Joad, si ce n'est dans ces rayons poétiques, dont les chants des Hébreux entourent sans cesse la tête d'Aaron, et aussi, il faut le dire, dans la majesté surhumaine de ce caractère prophétique qui forme peut-être le type le plus indigène de la poésie hébraïque? Car Joad n'est pas seulement le grand prêtre dans sa majesté théocratique et sacrée, c'est encore le prophète, dans son regard triste et fatal, sa foi inébranlable, et son mépris de l'effort de l'homme contre le décret divin dont il se porte comme l'organe. M. de Chateaubriand l'a comparé à la Sibylle; c'est déclarer que l'antiquité classique n'a rien d'analogue.

A côté de cette mâle et sublime figure, apparaît cette création plus originale encore, cet enfant naïf et pur, que Racine par un prodige de son art a su rendre si dramatique. Joas est-il aussi une inspiration de la Bible? A part ce type de Samuel[13], qui n'a pas échappé à l'imagination de Racine, lorsqu'il conçut cet idéal, ce caractère est bien plus évangélique qu'hébraïque. Sa candide naïveté, l'amour et l'intérêt qu'il inspire, l'idée de grouper autour de sa tête aimable et pure tous

---

[13] Ainsi l'on vit l'aimable Samuel croître à l'ombre du tabernacle.

les rayons du plus céleste idéal, tout cela est une réminiscence évidente de ces scènes évangéliques, sortes d'apothéoses de l'enfance, devenue poétique depuis qu'une main sublime l'a caressée.

Quant aux autres caractères, sauf peut-être celui de Zacharie qui n'est pas secondaire, à peine offrent-ils quelques traits de vérité locale. Le caractère d'Athalie est admirable sans doute. Mais jamais mensonge historique ne fut plus sensible. Accoutumés au spectacle d'une royauté majestueuse, les écrivains du siècle de Louis XIV n'en purent jamais concevoir d'autre. On s'est beaucoup moqué de la méprise qui leur a fait transformer les aventureux chefs des Francs en rois de France dans les formes voulues. Le même préjugé leur fit donner une cour à la Louis XIV aux agrestes rois de Juda, absolument comme le moyen âge leur avait donné des connétables. J'oserai traduire ici quelques lignes, où nous allons voir en scène le père même d'Athalie, et qui nous aideront à juger avec quelle vérité Racine a décrit la majestueuse royauté de sa fille.

«En ce temps-là, il y avait une vigne qui appartenait à Naboth de Jezraël, laquelle était située à côté du palais d'Achab, roi de Samarie. Et Achab dit à Naboth : Donne-moi ta vigne, pour que j'en fasse un jardin de légumes, car elle est voisine de ma maison, et je te donnerai à sa place une autre vigne meilleure qu'elle, ou, si tu le préfères, je te donnerai son prix en argent. Et Naboth dit à Achab : Dieu me garde de te livrer l'héritage de mes pères. Et Achab rentra dans sa maison, irrité de la parole que lui avait dite Naboth de Jezraël, et il se jeta sur son lit, et il tourna sa face contre le mur, et il ne voulut plus manger de pain. Et Jézabel, son épouse, entra et lui dit : Qu'as-tu donc ? Pourquoi ton esprit est-il troublé, et ne veux-tu pas manger de pain ? Et il lui dit : C'est que j'ai dit à Naboth de Jezraël : Donne-moi ta vigne, et il m'a dit : Je ne te donnerai pas ma vigne. Et Jézabel lui dit : lève-toi, mange du pain, et que ton cœur se remette, je te donnerai la vigne de Naboth de Jezraël.»

Voilà une scène qui assurément ressemble fort peu à celles de Versailles, et pourtant, qui le croirait ? les deux cours diffèrent à peine sous la plume de Racine.

Le caractère d'Abner n'a pu être conçu que par une suite de la même méprise. C'est le type du loyal officier, l'homme d'épée comme on l'entendait sous Louis XIV, s'opposant fort naïvement à l'homme du temple.

> *Hé quoi, Mathan ! d'un prêtre est-ce là le langage ?*
> *Moi, nourri dans les camps, aux horreurs du carnage,*
> *Des vengeances des rois ministres rigoureux,*
> *C'est moi qui prête ici ma voix au malheureux !*

Et vous, qui lui devez des entrailles de père,
Vous, ministre de paix dans les temps de colère,
Couvrant d'un zèle faux votre ressentiment,
Le sang à votre gré coule trop lentement!

C'est assurément une métamorphose un peu forte que celle qui nous fait passer des Forts de David à un officier plein d'honneur, de fidélité et de bon sens.

Mathan, le prêtre apostat, se rapproche bien plus d'un type vraiment juif, le faux prophète. Encore ses vues politiques, ses principes machiavéliques sont-ils de hardis contre-sens. Il disserte longuement pour prouver qu'Athalie a droit d'assurer son repos par la mort d'Eliacin. La logique orientale est bien plus tranchante. Il y a d'ailleurs un trait de son caractère, qui me semble un mensonge trop sensible. On se rappelle la scène où Nabal et Mathan se font réciproquement leur confession d'incrédulité :

NABAL

Pour moi, vous le savez, descendu d'Ismaël,
Je ne sers ni Baal, ni le Dieu d'Israël.

MATHAN

Ami, peux-tu penser que d'un zèle frivole
Je me laisse aveugler pour une vaine idole…

Mathan et Nabal sont donc des esprits forts à la manière du temps. Or un esprit fort en Orient est une impossibilité. Ces nations, religieuses par excellence, ne conçoivent pas l'homme qui se met en dehors des religions, à plus forte raison l'athée.

Josabeth ne ressemble guère plus aux femmes de l'Orient que Mathan à ses politiques. Ce n'est pas la femme forte du moraliste hébreu, c'est la mère et l'épouse chrétienne, délicate comme Andromaque, l'idéal de la femme vertueuse, tel que Racine dans ses dernières années devait le concevoir. Remercions-le pourtant d'avoir ici menti à l'histoire dans l'intérêt de l'esthétique.

Il reste un dernier rôle, par l'intervention duquel Racine crut se rapprocher de la manière des Hébreux ; ce sont ces chœurs qui jettent tant de charme sur ses deux tragédies bibliques. Ce mode de chant lyrique était sans doute fort accommodé au goût des Hébreux, et toute leur poésie lui en fournissait de magnifiques exemples. Leurs hymnes sacrés, leurs plus beaux cantiques, le rythme même de leur poésie, tout respire ce chant alternatif qui devait en former un si caractéristique. Mais ce n'est assurément que par équivoque de mots que Racine a pu prendre le chœur des Hébreux pour un chœur de tragédie grecque, remplissant avec scrupule les rôles qui lui ont été assignés par les poétiques anciennes. Comparez un de ces psaumes alternatifs, où la pensée joue sous ses deux formes, comme la voix et l'écho, comme les deux rangs d'un collier de perles, suivant la comparaison de Herder, à ces longues et harmonieuses périodes poétiques ; c'est la différence de la poésie réfléchie dans ses formes compliquées et savantes au cri naïf de l'âme, double comme le battement de la vie, comme la respiration du sentiment. Ajoutez que les pensées en sont souvent toutes chrétiennes :

Il nous donne ses lois, il se donne lui-même,

dit quelque part une des voix du chœur. Assurément toute cette métaphysique ascétique n'aurait guère eu de sens pour ces intelligences concrètes, habiles seulement à sentir et à peindre ce qu'elles avaient senti.

Quant aux imitations de détail, elles durent être nombreuses dans un poème qui ne pouvait avoir de vérité que par le nombre des emprunts faits au cycle poétique d'où il était tiré. Ici se présentait une des plus graves difficultés qui aient arrêté dans tous les temps les traducteurs ou imitateurs de la poésie biblique.

Nos langues métaphysiques et compliquées, notre phrase poétique et surtout notre rythme sont éminemment impropres à la traduction de la poésie hébraïque, et Lowth a observé avec raison que jamais idée ne fut plus malheureuse que celle de la traduire en vers latins. Par une singularité unique en effet, il se trouve que c'est la prose qui en conserve le mieux le ton et le rythme, puisque celui-ci ne consiste que dans la coupe symétrique, dans le parallélisme des membres de la phrase. On conçoit l'immense difficulté qui dut s'offrir au poète virgilien pour plier sa phrase poétique à un rythme dont la reproduction serait chez nous un défaut insupportable. Disons que la tentative était impossible et que Racine, ayant à opter ou de briser sa phrase, ou de détruire le tour original, préféra conserver inviolable le génie de sa langue. Dès lors, il dut se renfermer dans une imitation de détail, et il est juste d'observer que, dans les limites de quelques pensées isolées, il a su enrichir sa poésie d'une foule d'images hardies, et son style même d'hébraïsmes énergiques.

Ce n'est pas que dans ces imitations même le génie de l'original et celui de l'imitateur ne soient fort différents. Souvent c'est Virgile qui vient mêler des vers comme ceux-ci :

> *Ces enfants qu'en son sein elle n'a pas portés…*
> *Je vois d'Ochozias et le port et le geste…*

à des vers tout bibliques, à des morceaux empruntés à Isaïe ou aux lyriques hébreux. Il serait facile de prouver par d'innombrables rapprochements combien, alors même que les noms et les images matérielles sont empruntés à la nation juive, l'esprit qui les met en œuvre est différent[14]. Je n'en choisirai plus qu'un seul. J'opposerai le tableau que l'Athalie de Racine fait elle-même de la gloire de son règne au tableau d'un puissant royaume fait au ton oriental.

> *Sur d'éclatants succès ma puissance établie*
> *A fait jusqu'aux deux mers respecter Athalie;*
> *Par moi Jérusalem goûte un calme profond;*
> *Le Jourdain ne voit plus l'Arabe vagabond*
> *Ni l'altier Philistin, par d'éternels ravages,*
> *Comme au temps de vos rois, désoler ses rivages;*
> *Le Syrien me traite et de reine et de sœur;*
> *Enfin de ma maison le perfide oppresseur,*
> *Qui devait jusqu'à moi pousser sa barbarie,*
> *Jéhu, le fier Jéhu, tremble dans Samarie…*

Voilà sans doute de beaux vers, mais écoutons le poète hébreu: «Victoire! Je partagerai les terres de Sichem, je mesurerai comme mon héritage la vallée des Tentes. A moi Galaad, à moi Manassé; Ephraïm est ma couronne, Juda le sceptre de mon empire. Moab est le bassin où je lave mes pieds, je jetterai ma sandale

---

[14] « Rien de plus fréquent par exemple chez les poètes hébreux que la comparaison de la beauté secrète et dérobée aux yeux des profanes avec le lys caché dans la vallée. Racine la leur a empruntée:

> « *Tel en un secret vallon*
> *Sur le bord d'une onde pure,*
> *Croît à l'abri de l'aquilon*
> *Un jeune lis, l'amour de la nature;*
> *Loin du monde élevé, de tous les dons des cieux*
> *Il est orné dés sa naissance;*
> *Et du méchant l'abord contagieux*
> *N'altère point son innocence.* »

On parcourrait tous les poètes orientaux pour trouver une comparaison ainsi développée. Au lieu que les poètes grecs et latins aiment à en faire de courts épisodes sur lesquels ils s'arrêtent à plaisir, les Orientaux ne font que les indiquer et préfèrent accumuler deux ou trois termes de comparaison que d'ajouter à l'un d'eux ces longs appendices descriptifs. » (Renan).

sur Edom ; je chanterai victoire sur la terre des Philistins. Qui m'a introduit dans la ville aux superbes remparts ? Qui a conduit mes pas au sein d'Edom ? »

Athalie n'est donc pas une œuvre biblique. Ce ne sont pas les couleurs orientales dans leur simple blancheur, mais réfractées et dispersées par un génie nourri aux sources les plus pures de la Grèce, et produisant ainsi une œuvre qui, sans être d'aucune nation, n'en est pas moins belle et originale. Le fond en est biblique, la forme toute grecque. C'est une statue sculptée par Phidias non sur le marbre de Paros, mais sur le granit de l'Orient. Aussi bien, disons-le, traiter ce sujet en tragédie, c'était déjà le dépayser, et forcer ces mœurs à un perpétuel mensonge. Ce n'est pas sans raison que les nations de l'Orient n'ont jamais produit l'ombre d'un drame. Cette forme poétique est essentiellement étrangère à leur esprit. Racine, qui n'a jamais su peindre l'Orient, a-t-il mieux peint la Grèce ? Non sans doute : Iphigénie et Andromaque ne sont pas plus de leur temps que Josabeth et Athalie ne sont de leur pays. C'est l'homme qu'il cherche à peindre dans sa forme générale et par conséquent peu différenciée. La manière était grave et élevée sans doute ; mais il était facile de prévoir qu'entre les mains des médiocres imitateurs, elle deviendrait d'une pâleur extrême, et qu'on en appellerait un jour à des nuances plus caractérisées et plus individuelles contre ces figures défaillantes faute de vie propre et d'originalité.

SUR BOSSUET

Le génie de Bossuet dans l'oraison funèbre

On peut se demander si la mort inspirera encore à l'avenir de si grandes paroles, ou si nous devons renoncer à entendre jamais de tels accents ? Une pareille question est susceptible d'être envisagée à des points de vue divers, selon lesquels elle doit recevoir des solutions diverses.

On peut considérer une œuvre littéraire sous trois aspects principaux qui peuvent servir à la classer et à la comparer à d'autres.

Il y a d'abord dans son expression extérieure, et si j'ose le dire, à sa surface, une forme en grande partie dépendante des circonstances de temps et de lieu. Un même fond d'idées morales s'exprimera à telle époque par une ode, à telle autre par une épopée, à telle autre par un discours solennel. Un poème homérique était impossible au temps de Louis XIV, un discours de Bossuet au temps d'Homère — et pourtant Homère et Bossuet font penser l'un à l'autre.

Sous la forme de l'œuvre littéraire, il y a ce qu'on peut appeler *la philosophie de l'écrivain*, ensemble d'idées morales et théoriques, défrayant toutes ses œuvres, quelque diverses qu'elles soient en apparence. Souvent ces idées ne se présentent pas sous leur forme directe, surtout dans leurs œuvres primitives ; elles sont pour l'écrivain ce que les principes de morale sont pour l'honnête homme : la vertu n'est pas de me répéter sans cesse, sous leur forme d'aphorismes, mais de témoigner par l'action de leur perpétuelle action sur la conduite. De même ces idées, résultat de toute la manière dont l'écrivain envisage l'homme et l'univers, aiment souvent à se cacher sous la table ; et pourtant, elles n'en sont pas moins ses véritables inspiratrices. Homère et l'auteur de *La Henriade* ont employé la même forme, et pourtant, qui voudrait les ranger dans la même famille sous le rapport de la pensée ? Au contraire, Virgile et Racine n'ont rien de commun pour la forme de leurs poèmes et cependant il serait difficile de trouver deux génies [plus] analogues : ils ont senti de même manière, ils ont vu l'homme par le même côté.

Enfin, il y a le sujet lui-même, servant de thème à la pensée, de cause occasionnelle à l'inspiration, et s'offrant à toutes les formes avec une indifférence presque égale. On a pu comparer la première partie de l'oraison funèbre de prince de Condé à un chant d'Homère. Ce n'est pas assurément dans la forme, encore moins dans le point de vue des deux auteurs que se trouve la ressemblance, mais dans le sujet commun qu'ils traitent, le rapide tableau qu'ils tracent des exploits d'un héros.

L'oraison funèbre revivra-t-elle dans la forme même dont l'a revêtue le génie de Bossuet ? C'est se demander si une forme littéraire qui a servi d'expression à la pensée de telle époque sur tel sujet, et qui ensuite a témoigné par un long silence qu'elle ne trouvait plus de place dans les esprits, peut espérer une seconde vie. Or, à une telle question, on doit, ce me semble, répondre négativement. Les formes littéraires, en effet, sont essentiellement temporaires, chaque époque se fait celles qui lui conviennent, et elles suivent dans l'histoire un ordre de développement soumis à des lois nécessaires et contre lesquelles ne sauraient prévaloir les efforts isolés de quelques esprits. Dépendrait-il, par exemple, du caprice de quelque poète de redonner vie à l'épopée ? Non, sans doute. Un pas en arrière est impossible, et il est absolument sans exemple qu'une forme épuisée ait revécu, si ce n'est par l'imitation, ce qui n'est pas vivre. Permis aux rhéteurs de repasser avec délices sur des formes usées depuis quelque mille ans ; mais la littérature vivante et productive ne connaît pas les retours ; elle va dévorant ses formes à mesure qu'elle les épuise. (Viennent ensuite des esprits naturellement imitateurs qui ne peuvent comprendre pourquoi ils ne feraient pas aussi bien que ceux qui les ont précédés, d'autant plus qu'ils ont sur eux de prétendus avantages, celui d'avoir des modèles. Sans doute, ils pourraient faire mieux peut-être, mais ce serait à la condition de faire autrement, de trouver l'expression qui leur correspond, sans se mouler dans celle d'autrui.)

Je conçois qu'on ne puisse sans un regret involontaire dire adieu à ces belles formes qui revêtirent de si hautes conceptions ; mais on doit s'en consoler en songeant que la pensée reste, prête à en animer de nouvelles, différentes sans doute, mais belles aussi à leur manière. L'épopée, par exemple, la tragédie solennelle, peut-être, autant de formes auxquelles il faut dire un éternel adieu. Tout artifice désormais nous fatigue ; nous mettons je ne sais quelle malice à déjouer les finesses du poète ; il nous faut la forme pure où le sentiment, sans se voiler par la fiction, se montre à nu. Il en est de même de l'oraison funèbre, entendue à la manière de Bossuet. Il en coûte sans doute de renoncer à l'espoir d'entendre commenter la mort dans un si beau langage. Mais qu'y faire ? Supposez la possibilité d'un orateur sacré comparable à Bossuet par les dons du génie et auquel un heureux hasard présentât un sujet et un auditoire comparables à ceux qui ranimèrent l'éloquence de ce grand homme, il ne pourra s'empêcher de penser à son illustre devancier et ce souvenir l'écrasera. Songera-t-il à l'imiter ? C'est se condamner à lui être inférieur. S'imposera-t-il le cadre reçu ? C'est se résigner à être vaincu par celui qui le créa. Tentera-t-il au contraire une nouvelle manière, précisément pour ne pas ressembler à ce qui l'a précédé ? Ce n'est pas ainsi qu'opère la création littéraire. Le besoin qui la pousse dans de nouvelles voies est toujours secret, instinctif, indélibéré ; jamais l'humeur d'un écrivain blessé par l'éclat de ses devanciers n'enfanta de formes vraiment fécondes.

L'expérience prouve de reste la vérité de ces inductions. Tous les orateurs sacrés qui, depuis la mort de Bossuet, ont prononcé des oraisons funèbres ont été oppressés sous le poids accablant de son génie. Il les a gênés, bien plus qu'il ne les a inspirés. Lisez les oraisons funèbres de P. La Rue, de l'abbé de Boismont, de M. de Boulogne, de M. Frayssinous : au lieu de ces mâles et énergiques accents qui sortent de la poitrine inspirée de Bossuet, vous ne trouverez, avec des phrases toutes semblables, qu'une éloquence artificielle, une imitation grossière et sentant l'écolier.

Peut-on du moins espérer de voir revivre sous une autre forme l'esprit qui anima ces chefs-d'œuvre ? Cet esprit serait assurément plus regrettable encore que la forme dont il se revêtit. Le siècle de Louis XIV n'a rien de plus original, de plus exclusivement propre que ces magnifiques inspirations du tombeau. Jamais la mort n'avait fait parler un si beau langage et ne s'était si grandement alliée aux sublimes idées de Dieu, de l'éternité, de la vanité de ce qui passe, thèmes habituels de l'éloquence et de la poésie de Bossuet. La Providence conçue comme une cause incessamment active et délibérant, «Dieu tonnant au plus haut des cieux», et gouvernant le monde comme un monarque absolu, sa volonté amenée comme cause explicative pour dénouer tous les problèmes, toute cette facile et poétique philosophie du *Discours sur l'Histoire universelle*, furent aussi les sources où les oraisons funèbres prirent toutes leurs subtilités. Cette idée de la grandeur de Dieu s'associe naturellement chez lui à celle de notre faiblesse et de notre dépendance (de l'homme). Le Dieu Bossuet, comme celui de Job, ne raisonne avec l'homme que par des coups de tonnerre, et il semble que le sublime orateur trouve un secret plaisir à humilier sans cesse, devant son Dieu, tout ce qu'il y a dans l'homme de grand et de fort, à l'étendre, comme il dit, tout de son long aux pieds de la majesté divine. Il faut aussi le reconnaître : toutes ces idées chez Bossuet se décuplent en puissance par la foi religieuse dont la conviction est chez lui si énergique et si vivante. L'éloquence de Bossuet ne vit que de christianisme, et ces vigoureux assauts qu'il livre à l'orgueil, il en doit l'inspiration à la religion qui, de toutes, a été la plus savante à humilier l'homme.

Admirons-le ; mais désespérons de le voir revivre. Une philosophie plus analytique ne s'est pas contentée de jeter sur tous ces faits cette solution facile et tout homérique, où se résume le génie de Bossuet. Il serait trop commode de se contenter d'une telle explication : la connaissance de la cause première ne saurait plus dispenser de la recherche des causes secondes et de la part incontestable que l'homme possède dans le développement de l'univers. Prêcher maintenant la vanité des grandeurs ferait fort peu d'impression sur nous qui en avons perdu le respect. Alors que ces grandeurs étaient entourées d'un prestige éclatant, ce qui en témoignait la faiblesse pouvait frapper l'imagination et faire vivement sentir la fragilité de l'homme dans ce qu'il a de plus fort. Mais nous qui les regardons d'un œil froid, sinon moqueur, ce serait peu de nous montrer abaissées sous la main de Dieu ces puissances que, hier encore, nous vîmes humiliées par la main des hommes. Enfin, ce dogmatisme qui animait Bossuet, s'il n'est pas devenu impossible, a dû perdre de ses formes absolues après un siècle et demi de luttes où il n'a songé à avoir de l'éloquence que pour se défendre. Les idées que l'on se faisait alors de l'autre vie avaient été réduites par la théologie à un cadre très délimité et très précis. Aujourd'hui, on ne concevrait pas de grande éloquence sur une tombe, sans un doute, un voile tiré sur ce qui est au-delà, une espérance, mais laissée dans ses nuages, point de vue peut-être moins éloquent, mais certainement plus poétique qu'un dogmatisme trop défini, donnant, si j'ose dire, la carte de l'autre vie.

N'espérons donc retrouver l'esprit que Bossuet porta dans l'éloquence funèbre qu'à condition de voir revivre en même temps et dans la même unité son siècle, son génie, ses croyances. Qu'une seule de ces circonstances fasse défaut, c'en est assez pour rendre le chef-d'œuvre impossible. La même foi ne suffit pas à élever à une si grande hauteur saint Grégoire de Nazianze dans l'éloge funèbre de sa sœur Gorgonie, saint Ambroise dans celui de son frère Satyre, saint Grégoire de Nysse dans celui des impératrices Flacille et Pulchérie. D'un autre côté, Démosthène et Périclès ne furent pas sublimes sur le tombeau des guerriers morts pour la patrie. Il est pour les ouvrages de l'esprit certaines conditions de maturité que nul effort ne saurait hâter. Heureux le génie qui les rencontre ! On croit alors souvent qu'on les a faites.

Faut-il donc renoncer à voir la mort inspirer à l'avenir de grands accents d'éloquence et de poésie ? Non, sans doute. C'est en prenant la question dans ce sens large que toute espérance nous est permise. Inépuisable sujet de grandes pensées, la mort sera toujours pour l'imagination qui s'y exalte une source de sublimes inspirations. Mais gardons-nous de croire que cette inspiration se manifeste sous des formes et à un point de vue que l'esprit humain ait déjà épuisés. Il y a dans l'homme un fond immuable, source éternelle de vérité et de beauté, qui ne meurt pas quand se flétrissent autour de lui les formes passagères qui ont dû servir à sa manifestation, à tel moment de la durée. Indépendamment de tout système, excepté celui qui prêche dogmatiquement le néant, le tombeau a sa poésie et peut-être n'est-elle jamais plus touchante que quand un doute involontaire vient se mêler à la certitude que le cœur porte en lui-même, comme pour tempérer ce que l'affirmation peut avoir de trop prosaïque. Il y a, dans ce demi-jour, une teinte plus douce et plus triste, un horizon moins nettement dessiné, plus vague, plus analogue à la tombe. Là est le secret de l'admirable pathétique de cette belle page de Tacite qui termine la vie d'Agricola, la plus suave peut-être qu'un scepticisme involontaire ait jamais inspirée à un génie vertueux : *Si quis piorum manibus locus, si, ut sapientibus placet, non cum corpore exstinguuntur magnae animae, placide quiescas*, etc. Ne pouvons-nous donc pas aussi espérer de voir un jour la philosophie éloquente sur un tombeau ? Les pages si émues (touchantes) de M. Cousin sur Santa-Rosa pourraient à elles seules nous en donner l'espérance. Gardons-nous donc de frapper témérairement l'avenir de stérilité ; des idées nouvelles produiront des forces nouvelles, et tout en admirant et regrettant provisoirement celles du passé, ne désespérons pas de voir la mort inspirer un jour d'aussi grandes œuvres et d'aussi grands génies.

Fin

Table des matières